I0020081

Photoshop

Sommario

Le basi

Premessa

Adobe Photoshop è ormai il punto di riferimento per l'eccellenza nell'imaging digitale, fornisce ottime prestazioni, potenti funzioni di modifica delle immagini e un'interfaccia intuitiva. Adobe Camera Raw, incluso con Photoshop, offre flessibilità e controllo quando lavori con immagini RAW e TIFF e JPEG. Photoshop supera i confini dell'editing di immagini digitali e ti aiuta a trasformare i tuoi sogni in design nel modo più semplice possibile.

Questo libro è stato sviluppato con il supporto di esperti di prodotti Adobe e gli esempi sono progettati per farti imparare da solo. Se sei nuovo in Adobe Photoshop, imparerai i concetti fondamentali e le funzionalità necessarie per padroneggiare il programma.

Se hai utilizzato Adobe Photoshop per un po', scoprirai che questo libro è utile per ripassare molte delle funzionalità, include suggerimenti e tecniche per l'utilizzo delle ultime novità dell'applicazione e preparare le immagini per il web. Sebbene ogni lezione fornisca istruzioni dettagliate per la creazione di un progetto, c'è spazio anche per l'esplorazione e la sperimentazione. Puoi seguire il libro dall'inizio alla fine o segui solo le lezioni che corrispondono ai tuoi interessi e di cui hai bisogno. Ogni lezione si conclude con una sezione che riassume cosa hai imparato.

Prima di iniziare a utilizzare questo libro, dovresti avere una conoscenza pratica del computer e del suo sistema operativo. Dovresti saper usare il mouse, menu e comandi standard così come dovresti sapere come aprire, salvare e chiudere i file.

Photoshop è uno dei più potenti software per l'editing fotografico e per il fotoritocco disponibili sul mercato. Eppure, nonostante un impianto anche abbastanza complesso, molte delle sue funzioni sono accessibili anche a chi si avvicinasse per la prima volta al mondo della grafica.

Con questo libro, di conseguenza, si spiegheranno le tecniche essenziali e le funzioni di base del software, in un percorso che accompagnerà il lettore dalle esercitazioni più semplici a quelle, invece, già legate a un editing fotografico di medio livello.

Capitolo 1: Installazione

Con il passaggio da Photoshop CS6 a Photoshop CC, Adobe – la società produttrice del software – ha cambiato la strategia di distribuzione rispetto al passato. L'utente non ha più a disposizione un CD o un pacchetto d'installazione univoco, a seguito dell'acquisto in una soluzione sola del software, bensì dovrà sottoscrivere un abbonamento.

Il principale vantaggio è l'accesso costante alla versione più aggiornata di Photoshop, con costi più contenuti: qualora si scegliesse unicamente il pacchetto Fotografia, che comprende proprio Photoshop e Lightroom, la spesa è di poco più di una decina di euro al mese (tali prezzi sono soggetti a variazioni). Dopo un anno di utilizzo, di conseguenza, si raggiungerà una cifra ben più ridotta rispetto alle licenze classiche del passato.

Naturalmente, i costi variano anche a seconda del numero di software che vengono abbinati al proprio pacchetto, poiché è possibile scegliere anche fra tutti gli altri prodotti storici della suite creativa targata Adobe.

Il primo passo per provvedere al download e all'installazione del software è quello di recarsi sulla pagina ufficiale della Creative Cloud. Qualora si disponesse già di un accesso, sarà sufficiente immettere le proprie credenziali e recarsi nella sezione relativa al download. In caso contrario, sarà necessario scegliere il pacchetto di proprio interesse e iscriversi al servizio: oltre ai dati anagrafici, verranno chiesti gli estremi di pagamento qualora si sottoscrivesse un abbonamento.

Va comunque sottolineato come ogni software presente è disponibile in prova gratuita per 30 giorni.

Immessi i propri dati, o dopo aver scelto la versione di prova, partirà un piccolo download già ottimizzato per il proprio sistema operativo: Windows oppure OS X. Questo installerà sul computer il gestore della Creative Cloud: una sorta di centro notifiche dove ricevere i software di proprio interesse, apprendere le novità da Adobe, sfogliare gli stock, pubblicare le proprie opere su Behance o sfruttare lo spazio cloud riservato. Dal gestore, nella sezione relativa alle app, puoi scegliere Photoshop e il sistema provvederà autonomamente al download e all'installazione.

In questo modo non sarà necessario inserire codici di licenza o altro, se non le proprie credenziali d'accesso Adobe.

Naturalmente, il processo richiede la disponibilità di un collegamento a Internet, mentre se si avesse necessità di una procedura offline, sarebbe necessario seguire le istruzioni specifiche fornite dalla stessa software house per l'installazione offline.

Le versioni precedenti di Photoshop, come la CS6 e la CS5, dispongono di una procedura classica di installazione. Dopo essere entrati in possesso di una copia del software, su supporto ottico oppure in digital delivery, sarà sufficiente avviare il relativo programma d'installazione e seguire le istruzioni a schermo. Per finalizzare l'operazione, tuttavia, sarà necessario avere a propria disposizione il codice di licenza: questo, a seconda delle versioni, può essere riportato all'interno della confezione o ricevuto tramite comunicazione elettronica al momento dell'acquisto in digital delivery.

Al termine del processo la suite sarà immediatamente disponibile e, qualora fossero necessari degli aggiornamenti, verranno notificati sullo schermo.

Capitolo 2: Interfaccia

Avvicinandosi per la prima volta a un nuovo software, il primo passo da compiere è quello di apprendere i rudimenti della sua interfaccia. Anche Photoshop non fa eccezioni: il cavallo di battaglia di casa Adobe, seppur con qualche modifica nel corso degli anni, presenta una disposizione grafica da sempre riconoscibile e, dopo un breve rodaggio, anche abbastanza semplice da comprendere e ricordare.

Si può notare come il software si presenti alla sua prima apertura: la gran parte degli elementi rimane la medesima anche per le precedenti versioni. L'interfaccia di Photoshop si compone di una nutrita serie di barre e pannelli, ognuno dalla specifica utilità. I singoli elementi presenti in ogni sezione verranno appresi man mano che si proseguirà nel libro, in questo frangente è utile comprenderne la disposizione nello spazio.

Nella sua disposizione di base, poiché l'interfaccia può essere personalizzata, trovano spazio diversi elementi cardine:

- la barra dell'Applicazione;
- la barra delle Opzioni;
- la barra degli Strumenti;
- la finestra del Foglio di Lavoro;
- la Timeline;
- le Proprietà;
- i Pannelli e le Palette.

Così come già anticipato, i singoli elementi e le altrettante funzioni verranno analizzati progressivamente con lo sviluppo del libro, risulta comunque utile incominciare a fornire un'infarinatura di quel che si andrà a compiere in futuro.

La barra dell'Applicazione, come facile intuire, racchiude tutti i menu e i sottomenu relativi alle funzioni principali del software: File, Modifica, Immagine, Livello, Testo e così via. Selezionando una di queste voci, si aprirà il relativo menu contestuale, con le regolazioni in esso contenute.

La barra degli Strumenti e quella delle Opzioni lavorano, in genere, in perfetta sincronia. Selezionato uno strumento dal pannello verticale, infatti, nella barra in alto verranno visualizzate le relative regolazioni. Facciamo un esempio con lo Strumento Pennello: una volta scelto, si potrà accedere alle opzioni legate al Metodo di visualizzazione, con il conseguente menu contestuale.

Sulla parte bassa dell'interfaccia, all'estremità inferiore della finestra di lavoro, si riconosce la Timeline. Introdotta con le ultime versioni della Creative Suite, serve soprattutto per la manipolazione di filmati e in questa sezione si troveranno tutti gli strumenti utili a un simile scopo, come le funzioni di riproduzione, il taglio, le transizioni e via dicendo.

Sulla destra del foglio di lavoro, invece, è possibile identificare due elementi: la barra delle Proprietà e i Pannelli. La prima è una sorta di estensione di quella degli Strumenti: selezionato uno strumento, appariranno delle comode regolazioni aggiuntive. Ad esempio, disegnata una forma sarà possibile modificarne il colore, arrotondarne gli angoli, scegliere che tipologia di tracciamento perimetrale conferire e molto altro ancora. Nei Pannelli, invece, si rilevano informazioni e tab utili sull'elaborazione in corso: si potrà regolare lo zoom del foglio di lavoro, gestirne i livelli, accedere a curve, istogrammi, rifiniture e così via.

Come già accennato, questa prima carrellata vuole solamente fornire un'esposizione di massima sulle varie parti che compongono l'interfaccia, per cominciare a muoversi all'interno del software e comprenderne la disposizione spaziale. Ogni sezione citata verrà comunque analizzata nei prossimi capitoli.

A partire da Photoshop CS4, Adobe ha voluto introdurre un menu rapido per gestire la disposizione dell'interfaccia secondo delle preimpostazioni fisse, studiate in base alle necessità delle diverse tipologie di professionisti dell'immagine. Agendo sul menu contestuale in altro a destra, si rileveranno diverse impostazioni: Essenziali, 3D, Graphic and Web, Movimento, Pittura e Fotografia. A queste si aggiunge la possibilità di ripristinare una preimpostazione precedentemente modificata o di aggiungerne di nuove in base alle proprie esigenze.

A seconda della voce del menu scelta, l'interfaccia cambia, mettendo in evidenza strumenti e pannelli specifici per un certo compito, ad esempio il ritocco fotografico. La disposizione Fotografia, quella solitamente più utilizzata, garantisce ampio spazio agli istogrammi, alla navigazione e allo zoom, a curve e livelli. Quella Graphic and Web, porta invece testi e allineamenti in primo piano. Questo vale per ogni altra voce: per ogni compito specifico, si otterrà la più comoda delle disposizioni spaziali e visive.

Barra dei menu

Il primo passo per conoscere le tecniche essenziali di Photoshop è, come facile intuire, quello di apprendere le funzioni della barra dei Menu. Conosciuta anche come barra dell'Applicazione, è quel nutrito set di opzioni che appaiono nell'estremità più alta del software e che racchiudono tutti i comandi di base. Per questa parte si farà fede all'edizione Photoshop CC del programma della suite Adobe ma la definizione della barra dei Menu è rimasta sostanzialmente invariata negli anni, di conseguenza le informazioni fornite valgono anche per le edizioni precedenti.

La prima voce che si incontra è quella relativa a Photoshop: in questa sezione si potrà accedere alle informazioni sul software, quali ad esempio la versione in uso, verificare i plug-in installati, impostare le preferenze e molto altro ancora. Segue **File**, uno dei menu dal ricorso certamente più frequente: questa sezione ospita le opzioni relative alla creazione di una nuova immagine, all'apertura di un progetto già esistente, all'importazione di video e fotogrammi, al salvataggio e molto altro ancora. Le funzioni di uso più comune sono **Nuovo**, pensato per creare un nuovo layout secondo dimensioni e colori di sfondo personali, ma anche i classici **Salva** e **Salva con Nome**, che permetteranno di salvare il proprio lavoro sia in formato PSD che nei classici per le immagini come JPG, PNG, TIFF, BMP e via dicendo.

Il menu **Modifica** rappresenta una delle risorse irrinunciabili di Photoshop poiché, oltre a contenere i classici comandi Taglia, Copia e Incolla, include anche le prime alterazioni per le proprie immagini, fra queste Scala in Base al Contenuto, Alterazione, Alterazione Prospettica, Trasformazione Libera, Trasforma e via dicendo. Dato l'uso frequente di certe funzioni, è utile imparare le scorciatoie di tastiera, riportate sulla destra di ogni funzione in elenco: queste, naturalmente, variano a seconda del sistema operativo usato.

La sezione relativa all'**Immagine** propone una lunga serie di funzioni utili sia per l'editing fotografico che per creazioni più creative. Dalle Regolazioni al Contrasto Automatico, particolarmente frequenti sono la definizione delle Dimensioni Immagini, ma anche le Dimensioni Quadro, la Rotazione e le opzioni Duplica. Il funzionamento di questi strumenti verrà mostrato nel prosieguo del libro ma è già utile memorizzarne la loro disposizione.

Così come suggerisce il nome, il menu **Livello** permette di regolare qualsiasi opzione relativa ai livelli, funzioni accessibili anche dall'apposita palette. Si potranno quindi inserire nuovi livelli, duplicarli, selezionarli, rinominarli, creare delle maschere e molto altro ancora. Anche il menu **Testo** è ben comprensibile dal suo nome: contiene le principali opzioni relative a font e caratteri, accessibili anche dall'apposita palette. Si possono scegliere dei font da TypeKit, regolarne l'anteprima, l'antialiasing e molto altro ancora.

Il menu **Selezione** permette di scegliere tutte le modalità relative alla gestione e alla selezione dei livelli, quali la selezione di un singolo livello, di tutti quelli disponibili, l'eventuale selezione inversa e molto altro ancora. In più, sono contenute un paio di funzioni – Intervallo di Colori e Aree di

Interesse – relative a tecniche di scontorno facilitate inserite nella suite CC.

Il successivo **Filtro** riunisce tutte le alternative utili per migliorare le proprie immagini avvalendosi appunto di filtri, siano essi artistici o più tecnici. Il menu vede l'accesso facilitato a Camera Raw, per le versioni di Photoshop superiori alla CC, quindi i vari Distorsione, Disturbo, Nitidezza, Sfocatura e tanto altro.

La sezione **3D** include tutti gli strumenti per le elaborazioni tridimensionali: queste possono variare non solo a seconda della versione del software a propria disposizione, ma anche alle capacità della propria scheda grafica. Se la propria GPU non fosse pienamente compatibile con alcune di queste funzioni, Photoshop lo segnalerà alla prima installazione.

Nel menu **Visualizza** vengono ospitate tutte quelle opzioni pratiche indicate non solo per semplificare il proprio workflow ma anche per migliorare la precisione del proprio lavoro. Si può decidere di attivare righelli e guide ma anche scegliere se gli oggetti debbano collegarsi a esse con effetto magnetico, impostare lo zoom, l'allineamento e molto altro ancora.

Il menu **Finestra** è pensato per regolare come le finestre debbano essere mostrate a schermo, ad esempio se debbano essere collegate o svincolate l'una dall'altra, quindi tutti gli elementi da includere, o rimuovere, dall'interfaccia. Dai Livelli alla Timeline, passando per molte altre opzioni, è il menu giusto per personalizzare al meglio la propria esperienza di Photoshop. Il menu **Aiuto**, infine, offre tutte le informazioni sul software, i principali suggerimenti di funzionamento, la risoluzione di eventuali errori e l'eventuale accesso al supporto online.

Barra degli strumenti

Dopo aver analizzato i fondamenti della barra dei Menu, è tempo di apprendere le caratteristiche principali della barra degli Strumenti. Si tratta di una delle aree dell'interfaccia di Photoshop di maggior utilizzo: come suggerisce il nome, si troveranno in questa area gran parte degli strumenti più comuni per il disegno e il fotoritocco. La barra in questione, tuttavia, non subisce grandi cambiamenti dalle versioni precedenti del software. La barra si presenta all'apertura del programma, nella sua versione a singola colonna sulla sinistra dell'interfaccia.

Cliccando sulle due piccole frecce in alto a sinistra, è possibile distribuire gli strumenti su due colonne: un'opzione molto utile, soprattutto qualora si lavorasse su schermi di bassa dimensione o risoluzione.

Naturalmente, la barra degli Strumenti può essere inclusa nell'interfaccia a discrezione dell'utente: per attivarla, oppure disattivarla, è sufficiente recarsi nel menu Finestra e spuntare l'omonima opzione. È necessario inoltre considerare come ogni icona relativa allo strumento sia, in realtà, un raggruppamento di strumenti analoghi. Cliccando con il tasto destro, infatti, si accede a un menu contestuale dove scorrere l'elenco di tutte le opzioni disponibili, da portare quindi come attive in primo piano. Scegliendo qualsiasi strumento, si sarà notato la correlata modifica della barra delle Opzioni, posizionata immediatamente sopra al foglio di lavoro, poco sotto alla barra dei Menu.

Le opzioni mostrate, variabili da strumento a strumento, permetteranno di regolarne il funzionamento secondo le proprie esigenze. A seconda delle operazioni che si imparerà ad eseguire con il software, vale la pena di accennare alcuni dei più utilizzati, un set di informazioni di base per partire senza troppi intoppi. Si sottolinea, tuttavia, come in questo frangente ci si fermerà a livello illustrativo o generico considerando che siamo in una fase iniziale.

Inoltre, non è qui riportato l'elenco completo, poiché molti strumenti possono risultare decisamente complessi per chi si avvicina a Photoshop per la prima volta. In caso la curiosità rimanesse elevata, sarà comunque sufficiente passare con il cursore su ogni singola icona per ottenerne immediatamente il nome e la scorciatoia di tastiera. Il primo e più basico strumento è: Sposta, rappresentato da quattro frecce incrociate. Serve, così come suggerisce il nome, per spostare un oggetto all'interno del suo livello ed è, con tutta probabilità, lo strumento di uso più frequente. Lo strumento Selezione Rettangolare, rappresentato da un quadrato con il perimetro tratteggiato, serve ovviamente per effettuare delle selezioni geometriche sul livello su cui si sta lavorando. Tramite il menu contestuale correlato, si potrà optare invece per una Selezione Ellittica. Lo strumento Lazo, invece, permette di realizzare una selezione a mano libera: utilizzandolo come se fosse una matita, si circonda l'area da isolare e quando il tratto sarà chiuso, ovvero quando verrà unito capo e coda del Lazo, la selezione apparirà automaticamente.

Lo strumento Taglierina è uno dei più sfruttati per l'editing fotografico, soprattutto per chi fosse solito lavorare di frequente con le immagini. Permette di tagliare il proprio scatto secondo vincoli geometrici ben definiti, oppure liberi, così come da barra delle Opzioni. Dalle versioni CC di Photoshop, inoltre, agendo sulle ancore negli angoli – oppure tramite il trackpad multitouch per i sistemi operativi abilitati – è inoltre possibile effettuare una rotazione prima del ritaglio.

Così come suggerisce il nome, lo strumento Pennello permette di disegnare a mano libera sul foglio di lavoro. Dalla barra delle Opzioni, oppure tramite tasto destro direttamente sul layout, sarà possibile scegliere il tipo di punta e la dimensione della stessa. Il colore, come evidente è invece definito dalla finestra del Colore di Primo Piano, ma può essere ovviamente modificato in qualsiasi momento.

Senza troppe sorprese, lo strumento Gomma permette di eliminare una porzione del livello attivo, si tratti di un'immagine, un oggetto, un tratto con il pennello, un testo e quant'altro, ricorda che la gomma espone il livello sottostante a quello attivo. Se si lavora sul livello di sfondo, esporrà invece il colore scelto per il secondo piano. Come per il pennello, dalla barra delle Opzioni o cliccando con il tasto destro sul layout, si potranno scegliere dimensioni e tipologia della punta.

Decisamente interessante, e di uso altrettanto frequente, è lo strumento Penna. Permette di costruire un tracciato tramite punti d'ancoraggio, ovvero circondando una figura, una scritta o qualsiasi altro elemento con un percorso di punti successivi, uniti da segmenti fra di loro progressivi. Il tracciato ricavato può essere poi trasformato in una selezione, in una forma, in un tratto di matita, pennello e molto altro ancora.

Lo strumento Testo, senza troppe sorprese, permette di inserire del testo sul layout, tramite un livello a sé stante. Dalla barra delle Opzioni, si potrà scegliere la dimensione, il font e il colore, nonché l'allineamento e tutte le opzioni del paragrafo, quali le interlinee.

Il Secchiello o lo strumento Sfumatura a seconda della modalità attiva da menu contestuale, permette di riempire con un colore l'intero livello o una porzione selezionata dello stesso. Così come già accennato, l'elenco poc'anzi presentato ha solo scopo illustrativo, è un rapido excursus sugli strumenti di utilizzo più comune.

Capitolo 3: Pannelli

Dopo aver appreso i fondamenti delle barre di Photoshop, lo sguardo si sposta verso un'altra utile sezione del software di photo-editing: i pannelli, noti anche come palette. Posizionati di default sulla colonna destra del programma, ma modificabili nello spazio a seconda delle esigenze dell'utente, i pannelli contengono un gran numero di funzioni raccolte in gruppi tematici, dalle opzioni di zoom alla gestione dei livelli, dalle proprietà delle forme ai colori, dal testo alle correzioni d'immagine e molto altro ancora.

Per i possessori della CS4 e successive, si ricorda come la disposizione di default dei pannelli sia variabile a seconda dell'Area di Lavoro selezionato, in alto a destra nell'apposita tendina. Per questo esempio, si è scelta la disposizione Fotografia. Si noterà da subito come la disposizione dei pannelli sia genericamente verticale, con la suddivisione in veri e propri box fra loro contigui.

Prendendo come riferimento la modalità Fotografia, può essere utile fornire un breve sguardo alle palette disponibili, dall'alto verso il basso. In questo frangente, tuttavia, non si elencheranno le funzioni ma verranno approfondite in seguito. Si comincia con Navigatore e Istogramma, una palette dotata di due pannelli interni, con cui impostare le opzioni di zoom nell'area di lavoro o, in alternativa, controllare l'istogramma della propria immagine. Come già accennato, i pannelli hanno una suddivisione verticale nella loro impostazione di default, quindi immediatamente successiva si troverà la palette Regolazioni: questa contiene strumenti utili per regolare l'immagine, come suggerisce il nome, quali luminosità, contrasto, saturazione e via dicendo.

Tra i pannelli più frequentemente utilizzati, e da imparare a gestire sin dai primi passi, vi è certamente quello dei Livelli, dei Canali e dei Tracciati. Come suggerisce il nome, qui si potranno amministrare tutte le opzioni per i livelli, come il loro ordinamento quindi la gestione dei canali compresi gli alfa e degli eventuali tracciati presenti.

Naturalmente, quella proposta è solo una suddivisione di base: le palette presenti possono essere le più variegate, in relazione alle proprie preferenze. Nelle versioni CS5 e successive, tuttavia, si noterà come sul margine sinistro delle palette vi sia un'ulteriore striscia verticale, con diversi pannelli identificati solo dalla loro icona. È sufficiente cliccarvi per aprire dei pannelli aggiuntivi.

Di default si trova la palette Storia, per monitorare tutti i passaggi della propria elaborazione grafica e modificare o eliminare quelli non più utili, le Proprietà per le forme selezionate sul foglio, le Informazioni sullo strumento in uso, la definizione delle sorgenti per le funzioni Clone e, infine, Caratteri, Paragrafo e Glifi. Anche in questo caso, le palette disponibili possono essere aggiunte o rimosse a piacere.

Ma come regolare le varie palette, come abilitarne la visualizzazione o, in alternativa, come rimuovere un pannello lontano dal proprio interesse? È sufficiente recarsi nel menu Finestra, dove si troverà l'elenco completo di tutti i pannelli disponibili: basta quindi selezionare e deselezionare quelli desiderati, marcati con un'apposita spunta. Come già accennato, i pannelli possono essere spostati a piacere nello spazio dell'interfaccia e per farlo, è sufficiente cliccare e mantenere premuto sulla loro intestazione, quindi trascinarli nella posizione desiderata.

Infine, è sufficiente cliccare con il tasto destro in un punto qualsiasi del pannello per accedere a una lista di funzioni contestuali. Fra le tante, anche le modalità di visualizzazione delle palette, come la riduzione automatica a icona, la visualizzazione automatica dei pannelli nascosti e molto altro ancora.

Capitolo 4: Gestire i file

Apprese le basi dell'interfaccia di Photoshop, con la suddivisione delle finestre e delle palette, è giunto il momento di mettersi alla prova con le prime sperimentazioni sul campo. In questo capitolo si affronteranno i compiti più elementari, dall'apertura di un'immagine al suo ritaglio, affinché anche chi si avvicinasse al software per la prima volta possa orientarsi con facilità in tutte le sue funzioni. I primi passi con Photoshop partono, come facile intuire, dalla creazione e dall'apertura di una nuova immagine.

Creare una nuova immagine, partendo quindi da zero, è molto semplice. È sufficiente, infatti, scegliere la voce Nuovo dal menu **File**. Scelta la voce, si aprirà un apposito pannello, con tutte le opzioni da impostare per realizzare la propria immagine. Questa apparirà come un riquadro, con sfondo bianco, trasparente o di altro colore a seconda delle proprie scelte, nell'area di lavoro. Come anticipato, sono molte le opzioni che si possono gestire autonomamente per la creazione di una nuova immagine. Di seguito, tutte le possibilità di scelta garantite dal software, presentate in un comodo elenco:

- Nome: è la funzione che permette di assegnare un nome al proprio file. È facoltativa e di default mostra la dicitura "Senza Nome", numerata a seconda delle immagini già aperte nel software;
- Tipo di documento: permette di scegliere delle impostazioni di default per le dimensioni della propria immagine, ad esempio optando fra i vari tipi di carta, come il noto A4;

- Larghezza, Altezza e Risoluzione: questa funzione offre la possibilità di stabilire la grandezza in altezza e larghezza del proprio file, scegliendo l'unità di misura fra le tante proposte come pixel, centimetri, millimetri, pollici e via di seguito. Per le operazioni digitali, di norma si tende a lavorare in pixel. La risoluzione, invece, indica il numero di punti per ogni pollice: più è elevata la densità di punti, maggiore sarà la resa, soprattutto in stampa. Gli schermi tradizionali sono di solito impostati a 72 punti ma, con la crescita dell'alta risoluzione soprattutto nel mondo mobile e della stampa, è preferibile incrementare questo valore, optando attorno ai 300;

- Metodo colore: offre la possibilità di scegliere il metodo per la resa del colore, come RGB o CMYK, specificandone la profondità in bit;

- Contenuto sfondo: serve per definire il colore di sfondo, comunque modificabile anche in un secondo momento dalla palette degli strumenti, optando per il bianco, un colore a propria scelta, trasparente e molto altro ancora;

- Avanzate: un menu pensato sia per gestire i profili colore, utilizzandone diversi da quelli di default, che la forma dei singoli pixel, in modo che siano ottimizzati per dispositivi diversi, quali ad esempio le TV a risoluzione HD.

Scelte le proprie opzioni e confermate con il pulsante apposito, nell'area di lavoro apparirà l'immagine creata, pronta per essere modificata con il proprio strumento di preferenza. Naturalmente, possono essere aperte in Photoshop anche immagini già esistenti, in un formato compatibile come PSD, JPG, BMP, GIF, PNG e molti altri ancora. Per farlo è sufficiente scegliere la voce Apri dal menu **File**, sfogliando poi le cartelle del proprio computer. In alternativa, si può scegliere Apri Recenti per vedere una lista di immagini su cui si è lavorato durante l'ultima sessione con Photoshop.

Si ricorda come sia possibile aprire immagini memorizzate anche su un dispositivo esterno collegato al computer, come una fotocamera digitale. È sufficiente scegliere una delle voci di Importa, sempre dal menu **File**.

Importare PDF

Aprire un file PDF già esistente in Photoshop è un'operazione semplice, anche se richiede qualche passaggio in più rispetto alla normale apertura di un'immagine. La voce da selezionare nel menu **File**, però, è la medesima: si tratta di Apri. Si prosegue come appena visto, ovvero ricercando il file ospitato sul proprio computer. L'interfaccia di ricerca, naturalmente, varia a seconda del sistema operativo in uso.

Trovato il PDF desiderato, questo non verrà immediatamente aperto nell'area di lavoro. A schermo, infatti, verrà proposta un'apposita finestra di dialogo, dove si potranno definire le opzioni di importazione. Fra queste, la selezione di pagine, immagini o elementi in 3D, la scelta delle pagine da importare, l'abilitazione dell'anti-alias, l'eventuale mantenimento delle proporzioni originali, il metodo di campionamento del colore e molto altro ancora.

Definite le proprie opzioni d'importazione, basterà confermare la finestra di dialogo per vedere apparire la pagina prescelta nell'area di lavoro. Di default, tale pagina viene trasformata in un unico livello di Photoshop.

La modifica di eventuale testo (molto utile), tramite l'apposito strumento, sarà invece accessibile a seconda della codifica dello stesso PDF: in alcuni casi sarà possibile intervenire direttamente, in altre i caratteri dovranno essere gestiti come se fossero oggetti grafici, quindi ricorrendo a pennelli, gomma e quant'altro per poterli cambiare a proprio piacere.

In un mondo sempre più legato ai dispositivi tascabili, dalle macchine fotografiche fino a smartphone e wearable, può essere utile importare immagini in Photoshop direttamente dai device. In questo modo, non solo verrà creata immediatamente una copia sul proprio computer dello scatto ma questo apparirà senza sforzo nell'area di lavoro, pronto per tutte le modifiche del caso.

I dispositivi compatibili sono i più variegati e comprendono macchine fotografiche, smartphone, tablet, smartwatch, videocamere digitali, strumenti di videosorveglianza e molto altro ancora. Non tutti i sistemi operativi mobile, tuttavia, potrebbero essere sin da subito pronti a questo scopo. Qualora si utilizzasse un terminale con Android, ad esempio, andrà impostata la comunicazione USB tra device e computer come riconoscimento fotocamera, tra le tante disponibili nel sistema operativo mobile.

Queste opzioni vengono visualizzate a schermo automaticamente al collegamento al computer, mentre le voci del menu variano a seconda della versione di Android in proprio possesso, stock oppure modificata dal produttore. Per importare un'immagine da device è sufficiente recarsi nel menu **File**, quindi scegliere il menu Importa, dopodiché Immagini da Dispositivo. Come facile intuire, apparirà una finestra di dialogo per la ricerca delle immagini direttamente sul dispositivo collegato.

Queste potranno essere aperte in Photoshop singolarmente o in gruppo, quindi optare per la creazione di un nuovo documento o l'inserimento in un nuovo livello rispetto al lavoro già creato. Una volta impostate le proprie opzioni, il file sarà pronto per l'elaborazione in Photoshop. Vale la pena sottolineare come l'immagine in questione non venga salvata nuovamente sul dispositivo in caso di cambiamenti, bensì sul proprio computer.

Nella fase di importazione, infatti, lo scatto viene copiato nella cartella definita nella precedente finestra di dialogo.

Capitolo 5: Regolazioni

Taglierina

Tra le prime necessità in cui è possibile imbattersi usando un software di editing fotografico, il ritaglio delle immagini è di certo fra le più frequenti. Può capitare spesso, infatti, di dover modificare le proporzioni di un'inquadratura, di regolarne i bordi per adattarla al caricamento sul web, di adattarne le diagonali per l'ottimale visione sui dispositivi mobile. Ma come effettuare tutte queste operazioni in Photoshop? Si precisa, inoltre, come questo capitolo si incentrerà sulle operazioni basiche, quelle adatte anche ai neofiti, mentre per quelle avanzate o per lo scontorno si rimanda ai successivi capitoli.

Per ritagliare facilmente e comodamente un'immagine, da sempre Photoshop dispone dello strumento Taglierina. Questo tool offre molteplici opzioni per regolare il proprio taglio, in particolare in termini di proporzioni e raddrizzamento degli scatti. In forma del tutto semplificata, si può affermare che, con lo strumento Taglierina, si realizza un rettangolo di ritaglio sulla propria immagine, regolabile a piacere dall'utente.

Dopo aver impostato le proporzioni di tale riquadro e confermato l'operazione, le porzioni esterne verranno eliminate. Prima di analizzarne il funzionamento, però, vale la pena di soffermarsi su una differenza tra Photoshop CC e le versioni precedenti: nel primo caso, sarà l'area di lavoro – e quindi anche l'immagine stessa – a spostarsi sotto al riquadro, affinché lo stesso rimanga sempre posizionato al centro dello schermo. Nelle antecedenti, invece, l'immagine rimane in posizione fissa ed è il riquadro a muoversi su di essa.

La più facile forma di ritaglio è quella priva di rapporto di proporzione: selezionato lo strumento, verrà mostrato a schermo un riquadro con delle maniglie in ogni angolo. Basterà trascinarle a proprio piacimento fino a ottenere la forma desiderata. Tale riquadro, può sembrare superfluo ricordarlo, vede una griglia al proprio interno, per aiutare a definire le proporzioni e centrare i soggetti.

Il ritaglio, tuttavia, può avvenire anche rispettando certi valori di proporzione, ad esempio per ottenere uno scatto perfettamente quadrato, oppure in 16:9, 4:3 e molto altro ancora. Dalla barra delle opzioni degli strumenti, sarà sufficiente accedere al menu a tendina Rapporto e scegliere una delle opzioni presentate. Sono molte le opzioni di default che Photoshop offre per questa operazione. Tra le tante, la possibilità di mantenere le proporzioni del file originale, il rapporto 1:1 per chi amasse le foto quadrate tipiche dei social network, i 16:9 per i formati televisivi e cinematografici. Lo stesso menu a tendina, inoltre, offre la possibilità di scegliere fra le più comuni risoluzioni in pixel – l'esempio classico è quello del 1.024×768 – corredate dalla loro densità in punti per pollice, ovvero i PPI. Maggiore è il valore dei PPI, più gradevole la qualità visiva e di stampa. I moderni device portatili superano tutti abbondantemente i 300 ppi.

In alternativa, è possibile specificare un rapporto personale, compilando manualmente i due campi posti di fianco al menu a tendina. Si potranno scrivere direttamente le proporzioni, ad esempio 9:4, o in alternativa i valori in pixel. Attenzione, però: in questo ultimo caso si ricorda come verrà mantenuta la proporzione finale, non la risoluzione. Di conseguenza, impostando dei valori pari a 500×400, il ritaglio potrebbe risultare più grande o più piccolo in pixel. Per riportare la fotografia alla risoluzione desiderata, servirà agire con il comando Dimensione Immagine, che vedremo in seguito.

Particolarmente interessanti sono, almeno per Photoshop CC e CS 6, alcune funzioni aggiuntive per lo strumento Ritaglia. La prima è la possibilità di raddrizzare facilmente uno scatto, riequilibrando così il soggetto ripreso, tramite l'apposito pulsante sulla barra delle opzioni. Il secondo, invece, è la possibilità di rotazione facilitata prima del ritaglio. Sarà sufficiente posizionarsi sugli angoli del riquadro, mantenere premuto e attendere l'apparizione delle maniglie di rotazione. In questo modo, si potrà rapidamente ruotare una foto senza ricorrere ai comandi classici, presentati nelle prossime lezioni.

Ritaglia

Oltre allo strumento Taglierina, è possibile ricorrere al comando Ritaglia, disponibile nel menu **Immagine**. Per sfruttare questa possibilità, è necessario prima creare una selezione con i classici strumenti quali Selezione Rettangolare, il Lazo, il Lazo Poligonale o la Penna. Realizzata tale selezione, basta scegliere il comando sopracitato per effettuarne immediatamente il ritaglio. In caso la selezione originale presentasse dei contorni irregolari, si ricorda come Photoshop potrà eventualmente aggiungere il colore di sfondo impostato nelle opzioni di default del software.

Questo perché, indipendentemente dai soggetti inquadrati, i formati immagine devono essere sempre quadrati o rettangolari. Se si desiderasse comunque un effetto trasparenza, è possibile salvare la propria immagine in PNG.

Rotazione

Tra le funzioni essenziali di ogni software di grafica e fotoritocco, la rotazione delle immagini è una di quelle a cui si ricorre con maggiore frequenza. Spesso, infatti, capita di dover leggermente ruotare delle fotografie per garantire una migliore inquadratura del soggetto ma anche di riflettere la stessa per cambiarne l'orientamento. Photoshop, naturalmente, offre validi strumenti per tutti questi scopi.

L'opzione più immediata per ruotare un'immagine è quella di sfruttare i comodi comandi presenti dal menu **Modifica**. Basta selezionare il menu citato, spostarsi sulla voce Trasforma e, infine, scegliere Ruota. Affinché lo strumento sia disponibile, però, è necessario che il livello su cui si andrà a operare sia sbloccato: sarà sufficiente cliccare sull'icona a lucchetto dello stesso layer.

Sarà sufficiente trascinare le maniglie comparse sul perimetro dello scatto, oppure inserire i valori manualmente nei campi della barra delle opzioni, per ottenere la rotazione desiderata. Trattandosi di un'azione sul livello, però, non verrà ruotato anche il quadro: verranno quindi aggiunte aree in trasparenza o, in alternativa, della tinta del colore selezionato per lo sfondo, come indicato nella palette degli strumenti.

Altre opzioni utili di rotazione sono presenti nel menu **Immagine**: rispetto alle precedenti, hanno il vantaggio di modificare anche il quadro, senza quindi lasciare aree trasparenti o lo sfondo visibile. In questo caso, però, si tratta di rotazioni geometriche, ovvero ad angoli progressivi di 90 gradi. Per accedere alle funzioni, basta scegliere la voce Rotazione Immagini del sopracitato menu.

Come si nota dal menu stesso, sono diverse le opzioni disponibili, quasi tutte per effettuare una rotazione angolare, la prima è quella a 180 gradi e qualora questa modifica fosse troppo intensa, si può optare per le successive rotazioni a 90 gradi. Nel primo caso, si potrà effettuare una modifica in senso orario e, naturalmente, si potrà anche procedere nella direzione opposta, optando per una rotazione a 90 gradi in senso antiorario. Come facile intuire, gli angoli possono essere fra di loro sommati, ripetendo l'opzione scelta più volte in modo consecutivo.

Lo stesso menu offre altre due funzioni indispensabili, ovvero pensate per riflettere il quadro e di conseguenza l'immagine, per ottenere un effetto a specchio. Con Rifletti Quadro Orizzontale, per iniziare, si invertiranno i soggetti da destra e sinistra e viceversa, ottenendo così un'immagine specchiata. In modo del tutto analogo, con Rifletti Quadro Verticale si modificherà l'immagine dal basso verso l'alto e viceversa. Il risultato è simile alla rotazione a 180 gradi ma gli elementi saranno invertiti.

Così come si è visto in precedenza per la sezione dedicata al ritaglio, le ultime versioni di Photoshop hanno incluso funzioni basiche di rotazione all'interno del classico strumento Taglierina. Questa possibilità, come citato, vale per le versioni CC del software di Adobe, mentre per le precedenti bisognerà procedere con le modalità illustrate.

Dopo aver selezionato lo strumento Taglierina e aver quindi regolato la propria griglia di ritaglio, sarà sufficiente posizionarsi con il mouse sopra le maniglie poste nei quattro angoli della griglia stessa. Apparirà quindi una nuova maniglia, quella di rotazione identificata da una freccia a doppia punta, basterà quindi trascinare nella direzione desiderata. Si presti attenzione: questa feature esegue una rotazione e un ritaglio contemporaneamente e, inoltre, non modifica il quadro. Saranno quindi inserite aree trasparenti o dal colore di sfondo, se necessario.

Capitolo 6: Trasformazioni

Dopo aver visto come impiegare Photoshop per ruotare e riflettere l'immagine, è il turno di nuove trasformazioni di base. Ogni livello, infatti, può essere ridimensionato, scalato, distorto, reso in prospettiva e molto altro ancora. Si tratta di operazioni normalmente molto comuni, da applicare all'intero quadro, al singolo livello oppure a porzioni di esso, anche se alcune caratteristiche rischiano di essere superate da innovazioni software ben più recenti.

Può capitare che un'immagine in proprio possesso non risulti delle dimensioni in pixel, o in centimetri e pollici secondo le proprie preferenze, rispetto a quanto desiderato. Riportare il rapporto di altezza e larghezza ai valori richiesti è molto semplice, grazie alla voce Dimensione Immagine disponibile nel menu omonimo **Immagine**. Selezionata la funzione, si aprirà una finestra di dialogo a schermo, dove impostare le proprie opzioni preferite. Innanzitutto, si deve indicare la dimensione di larghezza e altezza desiderata, scegliendo quindi dall'apposito menu a tendina l'unità di misura, ad esempio in pixel oppure in pollici. Qualora i due valori siano legati, ovvero l'icona a catena della sinistra sia attiva, la crescita o la diminuzione degli stessi sarà proporzionale alle proporzioni originali dello scatto.

In questo modo, non solo inserendo uno dei due valori verrà calcolato automaticamente l'altro, ma si eviteranno antiestetiche distorsioni. In caso si volessero comunque specificare dei valori diversi, basterà slegare i due campi cliccando sempre sulla medesima icona. Dopodiché verrà chiesta la risoluzione globale dello scatto, ovvero quanti punti dovranno essere presenti per ogni pollice. Più alto è il valore dei PPI, maggiore è la qualità dell'immagine: tipicamente si sceglie 72 per gli schermi a bassa risoluzione mentre 300 per la stampa o i display di ultima generazione, come quelli dei dispositivi mobile. Infine, si potrà optare per un ricampionamento, un'opzione utile per ottenere immagini di buona qualità in caso di ingrandimenti o riduzioni rispetto all'originale.

Scegliendo Mantieni Dettagli, ad esempio, si ridurrà l'effetto sgranato di uno scatto piccolo portato a dimensioni importanti, seppur senza miracoli di sorta. Bicubica più Nitida, invece, permette di esaltare i dettagli sui piccoli formati.

Trasformazioni libere

Photoshop permette non solo di ridimensionare le immagini, mantenendone o meno le proporzioni ma consente di applicare alcune trasformazioni libere, ovvero tracciate dallo stesso utente. Facendo riferimento sempre alle funzioni di base, alcune delle quali superate da strumenti più avanzati, la voce di riferimento è l'omonima Trasforma, disponibile nel menu **Modifica**. Una delle opzioni più utilizzate è Scala, pensata per ridimensionare o ingrandire l'immagine, agendo sull'intero livello o una porzione di esso. A differenza dello strumento visto nel paragrafo precedente, la funzione non modifica anche il quadro, quindi l'azione sull'immagine può comportare lo svelamento dello sfondo o del livello sottostante. Inoltre, essendo un'operazione manuale, le proporzioni finali potrebbero non essere corrette, per uno scatto distorto.

Per attuare la trasformazione, è sufficiente trascinare le maniglie agli angoli del livello. Naturalmente, il comando vale anche su una porzione sola del livello, dopo averlo selezionato. L'opzione Inclina, così come suggerisce il nome, permette di inclinare il livello a destra o a sinistra, abbozzando anche un effetto prospettico. Anche in questo caso si agisce sempre sulle apposite maniglie e, non ultimo, non si modifica il quadro: il livello sottostante potrebbe rendersi visibile.

Con Distorci, invece, è possibile trasformare il livello non solo agendo sugli angoli ma anche sull'inclinazione dello stesso, come una sorta di strumento cumulativo dei due poc'anzi visti. L'opzione Prospettiva, sempre come da nome, permette invece di realizzare semplici effetti prospettici, dove gli elementi vengono allineati rispetto a un punto di fuga solitamente centrale. Anche in questo caso, si agisce sempre sulle apposite maniglie.

Altera, infine, permette di modificare completamente la forma del livello scelto, non solo ingrandendolo o riducendolo, ma anche arrotondandone o deformandone alcune porzioni. Per farlo, è sufficiente trascinare le maniglie: all'apparizione degli appositi regolatori di curvatura, identificati da due rette unite da punti alle estremità degli angoli, si potrà nuovamente trascinare questi elementi per regolare la rotondità.

Capitolo 7: Salvare il file

Compresi i primissimi passi per una modifica elementare delle proprie fotografie, giunge il momento di salvare quanto realizzato, anche per non perdere i progressi raggiunti. Photoshop offre un compendio davvero completo di opzioni per salvare un file nei più svariati formati, nonché per esportarli affinché siano compatibili con altre suite grafiche. Di seguito, si illustreranno quelle di più comune utilizzo.

Photoshop garantisce la possibilità di salvare i propri file nei formati più comuni, affinché siamo immediatamente compatibili sul Web, sui dispositivi mobile o per l'ulteriore modifica tramite altre suite di grafica. Prima di procedere, però, bisogna distinguere tra il salvataggio con livelli o, in alternativa, dell'immagine appiattita finale. Quando si lavora con Photoshop, così come già spiegato, vengono a crearsi molteplici livelli, ognuno dei quali conserverà una o più trasformazioni applicate alla propria immagine: testi, regolazione di curve e colori, saturazioni, maschere, selezioni e via dicendo.

Qualora si volesse salvare quanto creato, ovvero tutto il compendio di livelli per elaborare successivamente il proprio lavoro, si dovrà optare per uno speciale formato. Questo è il PSD, acronimo di "PhotoShop Document", un file che conterrà ogni livello e ogni procedura applicata al proprio layout.

Questi file, mantenendo praticamente tutti i passaggi effettuati, sono notoriamente molto pesanti in termini di MB. In caso, invece, si volesse salvare unicamente il risultato finale del proprio ritocco, basterà optare per uno dei più comuni formati immagine, come JPG, PNG, BMP, WEBP e quant'altro. Le opzioni di salvataggio sono racchiuse nella voce Salva con Nome, contenuta nel menu **File**.

L'opzione di default è proprio il formato PSD poc'anzi spiegato. Per un salvataggio immediato, senza opzioni specifiche, non servirà altro che inserire il nome del file preferito nell'apposito campo. Agendo sul menu a tendina disponibile nella finestra di dialogo di Salva con Nome, si ha la possibilità di scegliere tra svariati formati, tra cui i più comuni appiattiti – ovvero a livello singolo – utili per il Web, i dispositivi mobile, la stampa e quant'altro.

Ad esempio, per i file JPG che sono in assoluto i più diffusi, si potrà non solo scegliere il nome, ma anche l'eventuale inserimento del profilo a schermo utilizzato. Confermata la propria scelta, seguirà un'ulteriore finestra di dialogo, che permetterà di regolare il peso dell'immagine finale, la qualità ed eventuali opzioni avanzate. La stessa procedura vale per tutti gli altri formati disponibili nella tendina, quali PNG, BMP e TIFF.

A ogni tipologia, seguirà quindi la specifica finestra di dialogo dopo la conferma, per l'ottimizzazione del peso e della qualità di salvataggio. Effettuata la prima memorizzazione del file, sia esso in PSD o in uno dei formati appiattiti, Photoshop ricorda automaticamente le proprie opzioni, per garantire una procedura ancora più rapida. Sarà sufficiente, infatti, scegliere la voce Salva nel menu File.

Naturalmente, qualora si volesse modificare il formato oppure la qualità, si ripeterà nuovamente il comando Salva con Nome. Tra le varie possibilità offerte dal menu a tendina di Salva con Nome, vale la pena soffermarsi su un formato. Photoshop, infatti, permette di salvare immagini o altre tipologie di documento esportandole in PDF, un formato molto comune, soprattutto in ambito d'ufficio. La procedura rimane la stessa delle precedenti già illustrate: si dovrà scegliere l'opzione Photoshop PDF, quindi decidere se incorporare o meno i livelli, l'eventuale quadricromia e il profilo a schermo.

Una modalità particolarmente interessante, anche se ultimamente entrata forse un po' in disuso, è quella relativa allo strumento Salva per Web. Disponibile nel menu Esporta della voce **File**, questa funzione attiva una corposa e ricca finestra di dialogo, che permette di regolare tutte le opzioni relative alla propria immagine affinché sia ottimizzata per il caricamento e la visione online.

Dalla qualità al peso finale del file, passando dal tipo di campionamento fino a eventuali canali alfa, tutto si potrà personalizzare per ridurre al minimo il peso del proprio file. Si tratta, tuttavia, di controlli mediamente avanzati, forse non immediatamente comprensibili per i neofiti del photoediting.

Capitolo 7: Le selezioni

All'interno di un software di fotoritocco, le selezioni sono degli strumenti del tutto essenziali, da apprendere e amministrare già dai primissimi tentativi. Photoshop non fa differenza: gli strumenti di selezione, che permettono di evidenziare e isolare una porzione dell'immagine o del layout su cui si sta lavorando, sono davvero fra i più disparati.

Selezione Rettangolare

Così come suggerisce il nome, lo strumento Selezione Rettangolare permette di evidenziare o isolare una porzione rettangolare di un'immagine, di un oggetto, di un testo rasterizzato oppure di un generico layout. Per creare una selezione rettangolare, è sufficiente tracciare l'area desiderata dopo aver scelto l'apposito strumento. In ogni momento sarà possibile eliminare la propria selezione, ad esempio qualora il rettangolo realizzato non fosse di proprio gradimento o, in alternativa, quando non sarà più necessario. In tal caso, è sufficiente scegliere la voce Deseleziona nel menu Selezione.

Qualora si avesse l'esigenza di realizzare una selezione perfettamente quadrata, anziché rettangolare, sarà sufficiente mantenere premuto il tasto Shift mentre si disegna l'area di selezione, tutti i lati cresceranno in modo equidistante dal centro.

Selezione Ellittica

Photoshop non offre solamente la possibilità di effettuare delle selezioni rettangolari, ma anche di isolare porzioni del proprio layout con una selezione dalle forme tondeggianti. Lo strumento è quello della Selezione Ellittica, disponibile sempre nel pannello citato nei precedenti paragrafi. Per tracciare una Selezione Ellittica, è sufficiente disegnare l'area di proprio interesse dopo aver scelto l'apposito strumento. Anche in questo caso, così come nel precedente, sarà possibile tracciare un cerchio perfetto mantenendo premuto il tasto Shift durante la fase di disegno: questo si svilupperà in modo equidistante dal centro.

Selezioni multiple e intersecate

Come facile intuire, Photoshop offre la possibilità di effettuare più di una selezione sullo stesso livello, affinché diverse aree possano essere contemporaneamente isolate, per degli interventi più complessi di modifica. Non è tutto però poiché il software di Adobe permette anche di intersecarle fra di loro, ottenendo quindi una selezione dalle forme personalizzate. Per realizzare una selezione multipla, è sufficiente tracciare le varie aree di proprio interesse mantenendo premuto il tasto Shift.

La prima, ad esempio una rettangolare, viene realizzata normalmente, premendo il tasto in questione solo se si desidera ottenere un quadrato. Dopodiché si sceglie lo strumento per le successive, ad esempio un'ellittica, e lo si traccia sullo stesso livello mantenendo sempre premuto Shift. Qualora si volessero intersecare le selezioni, ottenendone una nuova risultante dalla somma delle porzioni non sovrapposte, sarà sufficiente tracciare le due porzioni l'una sopra l'altra, sempre tenendo premuto Shift.

Lazo e penna

Capita di frequente, tuttavia, di dover realizzare delle selezioni dalle forme irregolari, ad esempio per isolare una porzione di un volto, un oggetto, un elemento naturale in un paesaggio ecc. Anche in questo caso, la suite grafica di Adobe propone dei comodissimi strumenti, in particolar modo relativi ai cosiddetti Lazo e Penna.

Lo strumento Lazo è uno dei tool di Photoshop di più frequente utilizzo. Identificato dall'omonima icona, permette di isolare porzioni irregolari di un'immagine, per poi crearne delle selezioni. Sono tre i tool presenti in questa famiglia di strumenti, evidenziabili mantenendo premuto il tasto destro sulla relativa icona. Il primo, almeno in ordine di apparizione, è il Lazo nella sua configurazione classica. Selezionato lo strumento, sarà possibile disegnare un perimetro attorno alla porzione dell'immagine di proprio interesse: al rilascio del mouse, il tracciato realizzato verrà automaticamente chiuso e convertito in una selezione.

Segue lo strumento Lazo Poligonale, quest'ultimo particolarmente adatto per isolare forme più o meno geometriche. Anziché realizzare un disegno a mano libera, come nel precedente caso, si crea un poligono composto da più lati, cliccando sulla figura ogni volta che si desidera cambiare direzione. Chiudendo il tracciato, verrà quindi creata la corrispondente selezione. Il semplice Lazo e quello Poligonale potranno essere abbinati fra loro nella creazione di una selezione. Sarà sufficiente mantenere premuto il tasto ALT durante la creazione del tracciato, per passare automaticamente da uno all'altro tool.

Particolarmente utile e comodo è lo strumento Lazo Magnetico, soprattutto quando non si ha a disposizione una tavoletta grafica o un puntatore ad alta sensibilità, incappando quindi in una scarsa precisione del tratto. Questo strumento, infatti, crea dei punti di ancoraggio automatici in relazione alle aree di contrasto simili dell'immagine: basterà trascinare il mouse attorno alla porzione prescelta e, proprio come una calamita, il Lazo Magnetico si collegherà ad essa.

Non sempre, tuttavia, il risultato è soddisfacente, soprattutto quando le aree di contrasto non sono sufficientemente differenziate: in questo caso, si potrà impostare un punto di ancoraggio a proprio piacere cliccando con il mouse.

Altrettanto diffuso e di frequente ricorso, forse più dello stesso Lazo, è lo strumento Penna. Con questo tool, è possibile creare dei poligoni tramite dei punti d'ancoraggio: proprio come il Lazo Poligonale, basterà cliccare sul foglio quando si vorrà modificare la direzione, creando così i vari lati che compongono il poligono. Per essere efficace, tuttavia, il tracciato realizzato con la Penna dovrà essere sempre chiuso. Bisogna considerare, tuttavia, come la Penna non nasca specificatamente per realizzare selezioni, bensì per creare poligoni e trasformarli in tracciati e figure.

Questa possibilità non è comunque negata, anzi è presente nelle opzioni contestuali dello strumento. Dopo aver realizzato e chiuso il tracciato, infatti, sarà sufficiente cliccare con il tasto destro all'interno di esso, quindi selezionare la voce Crea Selezione dal menu.

Una nuova finestra di dialogo richiederà di impostare la sensibilità del raggio, nonché eventuali opzioni di antialiasing. La selezione che si andrà a creare sarà ovviamente ammorbidita, ovvero manterrà una certa rotondità rispetto a lati e poligoni creati, una conseguenza molto utile in caso di selezioni.

Sono molte le modalità di selezione incluse in Photoshop: oltre la rettangolare e l'ellittica, nonché al lazo, due strumenti si rendono particolarmente utili per le attività di fotoritocco più quotidiane. Si tratta della Selezione Rapida e della Bacchetta Magica, due tool che permettono di isolare porzioni di un'immagine, anche particolarmente rilevanti, con poco sforzo. Come funzionano?

Selezione Rapida

Lo strumento Selezione Rapida permette di isolare velocemente una porzione, o un elemento di rilievo, dell'immagine prescelta. Il tool agisce analizzando in modo autonomo le aree di colore del livello su cui si agisce, selezionando le aree dalla stessa tonalità. Inoltre, lo strumento presenta un lieve effetto calamita, che permetterà di seguire alla perfezione sagome e altre forme dove sia evidente uno stacco di tono. Così come accade per gli altri strumenti di selezione visti prima, anche per la Selezione Rapida sarà sufficiente mantenere premuto il tasto SHIFT per isolare due porzioni differenti sullo stesso livello.

Considerato come la funzione sia sensibile alle aree di medesima tonalità, nonché preveda un blando effetto calamita, può capitare che vengano isolate anche aree non gradite, o non necessarie del proprio layout. Queste potranno essere corrette semplicemente optando per la modalità Sottrai Dalla Selezione, disponibile nella barra delle opzioni. Basterà agire per esclusione sul livello, quindi, cliccando sull'area da rimuovere dalla selezione già realizzata.

Bacchetta Magica

Lo strumento Bacchetta Magica è di certo una delle funzioni, all'interno di Photoshop, fra le più utilizzate e dal nome più fantasioso. Permette infatti di isolare automaticamente delle porzioni, anche rilevanti, di un layout, sempre in base alle tonalità di colore. A differenza della Selezione Rapida, dove lo strumento deve essere trascinato lungo tutta l'area desiderata, per la Bacchetta Magica sarà sufficiente cliccare su un punto qualsiasi della zona dell'immagine di proprio interesse.

Un'opzione importante della Bacchetta Magica è quella relativa alla Tolleranza, disponibile nella barra delle opzioni e rappresentata da un valore numerico. Modificando questo valore, si varia il livello di precisione con cui il software campiona il colore e, di conseguenza, determina la selezione. Più la cifra è ridotta, maggiore sarà il livello di dettaglio e, di conseguenza, più piccole e frastagliate le selezioni. Il valore di default è 32 e, nella maggior parte dei casi, non necessita modifiche.

Lo strumento Bacchetta Magica presenta altre due funzioni fondamentali, sempre disponibili nella barra delle opzioni e gestibili, questa volta, tramite una semplice spunta d'attivazione e disattivazione. La prima è quella dell'Anti-Alias: spuntando l'opzione, il profilo della selezione risulterà meno frastagliato e più ammorbidito, l'ideale quando è necessario isolare delle forme complesse o irregolari. Il secondo è quello della Contiguità: questa opzione ordina al software di selezionare, o meno, solo medesime tonalità se spazialmente vicine. Seppur di utilizzo raro, questa possibilità è utile quando si necessita di eliminare in toto una precisa tinta.

Maschera

Non sempre, facendo ricorso agli strumenti di base di Photoshop visti nelle precedenti lezioni, si riesce a ottenere una selezione perfetta. Una possibilità tutt'altro che remota, questa, soprattutto quando si ha a che fare con delle figure complesse o dai bordi non ben definiti. Fra le varie opzioni per migliorare la propria selezione, però, il software di Adobe prevede una modalità molto rapida: quello della Maschera Veloce. Come si usa questo strumento?

Così come suggerisce il nome, le maschere di Photoshop sono uno strumento utile per coprire e proteggere porzioni o interi livelli, affinché le modifiche effettuate sugli stessi non li coinvolgano. Sfruttando sapientemente questo sistema, di conseguenza, si potranno ottenere delle selezioni precise, senza la paura di commettere errori che potrebbero compromettere l'intera opera di fotoritocco.

La Maschera Veloce torna particolarmente utile quando si vogliono migliorare precedenti selezioni, non sufficientemente definite in relazione all'oggetto o al soggetto che si desidera isolare. Il primo passo è quello di realizzare una selezione tramite il proprio strumento preferito, dallo Selezione Rettangolare al Lazo, e via dicendo.

Quando si preme l'icona corrispondente alla Maschera Veloce: le aree esterne alla precedente selezione si coloreranno di un rosso in opacità al 50%, un modo per segnalare momentaneamente quali aree risultino protette, e quali libere, da eventuali modifiche. Le parti in rosso, vale la pena di sottolinearlo, sono quelle su cui l'isolamento non è stata applicato: di conseguenza, si valuti la possibilità di invertire la selezione dall'omonima voce del menu principale.

Assicurandosi di aver scelto il bianco come colore principale e il nero come quello di sfondo, si scelga ora uno dei tanti pennelli di Photoshop, modificandone la punta secondo le proprie esigenze. Meglio, in ogni caso, optare per una punta arrotondata dai bordi sfumati. A questo punto, non bisognerà fare altro che ripassare le aree della maschera che si desidera vengano incluse nella sezione, procedendo come se si stesse colorando il foglio digitale. Man mano che il pennello si sposta, le aree rosse coinvolte ritorneranno trasparenti, con un effetto simile alla gomma.

Terminata l'operazione, è sufficiente premere nuovamente sull'icona della Maschera Veloce: la parte rossa scomparirà dalla visualizzazione a schermo e la selezione risulterà del tutto modificata, assecondando così le proprie esigenze. Il grande vantaggio, rispetto ai tool più tradizionali, è quello di poter controllare appieno anche i bordi più difficili: sarà sufficiente ingrandire con lo zoom la modalità di visualizzazione e agire con punte di pennello differenziate, così da ottenere il miglior isolamento possibile.

Non sempre, tuttavia, anche questa operazione garantisce risultati perfetti, soprattutto per coloro che si fossero avvicinati da poco a Photoshop e non avessero ancora una grande dimestichezza con i pennelli. In ogni caso, sarà sufficiente scegliere il menu Selezione e, dalle varie voci che lo compongono, l'opzione Migliora Bordo.

Questa è pensata per aumentare la performance della selezione creata: in questo frangente non illustreremo tutte le opzioni ma è sufficiente provare i vari slider per ottenere una selezione più morbida e arrotondata, ridurne il raggio di qualche pixel, sfumarne il bordo e molto altro ancora.

Capitolo 8: Livelli

Dopo aver appreso le nozioni più utili relative alle selezioni, e prima di lanciarsi nelle operazioni di disegno, un passo imprescindibile per apprendere Photoshop è quello di imparare a gestire i livelli. Apprendere come funzioni un livello e come questo interagisca con gli altri, permetterà infatti non solo di comprendere il workflow tipico del software Adobe ma anche di ottenere il massimo dal design e dal fotoritocco.

Tutte le opzioni per i livelli sono contenute nell'omonimo menu **Livello**. Nota bene, inoltre, come nella colonna di destra sia presente un pannello dedicato, dove accedere velocemente a ogni funzione desiderata, anche con l'aiuto di menu contestuali.

Operazioni di base

Operare con i livelli è abbastanza semplice. Il primo passo è ovviamente quello di imparare a creare un nuovo layer, da sovrapporre allo sfondo in uso, un foglio bianco, trasparente oppure una fotografia. Per crearlo, è sufficiente selezionare le opzioni Nuovo o Nuovo da Sfondo, nell'omonima voce Nuovo del menu Livello. In alternativa, si può ricorrere all'apposita icona nella palette, quella alla sinistra del cestino.

Scelto uno dei due comandi, si aprirà a schermo una finestra per la definizione delle opzioni di base per il nuovo livello. Si potrà sceglierne il nome, ad esempio, ma anche il colore di riempimento. Il layer potrà essere trasparente, incorporare un colore pieno o risultare completamente bianco. Le successive opzioni riguardano i Metodi di Fusione: in questo frangente è sufficiente sottolineare come ogni metodo di fusione determinerà una modalità di sovrapposizione diversa sul livello precedente. Ad esempio, scegliendo Scurisci, il livello sottostante apparirà ovviamente più scuro. Nella gran parte dei casi, l'opzione Normale è quella più indicata. Selezionate le opzioni preferite, il livello appena creato verrà inserito nel pannello di destra. In questo caso si è creato un livello completamente trasparente.

L'ordine dei livelli può essere semplicemente modificato spostandoli con il mouse dall'apposita palette, mantenendo premuto durante il trascinamento. Il livello Sfondo, tuttavia, è per opzione di default bloccato: questo per evitarne, infatti, cambiamenti accidentali. Spesso, tuttavia, è necessario modificarlo: sarà sufficiente cliccare sull'icona a lucchetto nel pannello, quindi modificare le opzioni a piacere, come già visto per tutti gli altri layer.

I singoli livelli possono essere accesi o spenti, ovvero resi visibili oppure invisibili. Per farlo, è sufficiente agire sull'icona a occhio posizionata alla sinistra di ogni singolo layer, nell'apposito pannello.

Sebbene le opzioni di fusione dei livelli non saranno approfondite, può essere utile già da subito modificare l'opacità di ogni singolo layer. Agendo su questo slider, sarà infatti possibile controllare il grado in percentuale di trasparenza del livello stesso, rendendo quindi quello sottostante più o meno visibile.

Può capitare, sia durante che alla fine delle operazioni di modifica, di dover unire due o più livelli affinché vengano tutti racchiusi in un unico layer. Per raggiungere questo obiettivo, è sufficiente selezionare con il mouse tutti i livelli di proprio interesse, purché contigui l'uno con l'altro. Dopodiché, agendo dal menu Livello o tramite il menu contestuale disponibile con il tasto destro del mouse, sarà sufficiente scegliere l'opzione Unisci Livelli.

Con lo stesso procedimento, si potrà accedere a numerose altre opzioni, quale l'unione della porzione visibile dei livelli e molto altro. Di uso frequente è la funzione Duplica Livelli, per crearne delle copie, ma anche Gruppo da Livelli, per raggruppare i layer in un sottoinsieme, affinché il workflow rimanga sempre ordinato.

Opacità e riempimento

Quando si lavora con livelli multipli, così come si è visto in precedenza, i singoli layer vengono sovrapposti l'uno sull'altro. Sul fronte visivo, di conseguenza, l'ultimo livello coprirà tutti i precedenti, impedendo perciò la visione degli elementi in essi contenuti.

Le opzioni di Opacità e Riempimento, identificate nel Pannello dei **Livelli** tramite due comodi slider, permettono di rendere un layer più o meno trasparente, affinché quelli sottostanti possano tornare visibili. A seconda della percentuale applicata, la regolazione varia dalla completa trasparenza alla totale opacità. Qualora si decidesse di ridurre il Riempimento su un livello privo di effetti, il risultato sarà del tutto analogo alla modifica dell'opacità: non sembrano sussistere, infatti, delle diversità. I due comandi, tuttavia, risultano simili solo nell'apparenza, poiché corrispondono a scopi ben distinti.

Qual è, di conseguenza, la loro differenza? In linea generale, si può affermare come il comando di Opacità agisca sul livello nel suo complesso, quindi anche sul grado di trasparenza degli effetti applicati al layer stesso. La funzione di Riempimento, invece, permette di modificare il livello lasciando però del tutto inalterati tali effetti.

Advance

Premessa

Photoshop è diventato un prodotto molto completo e davvero potente della suite di Adobe tanto da diventare un termine di uso comune. Spesso sentiamo dire che un'immagine è "photoshoppata" per intendere che è stata modificata appositamente per renderla diversa.

In questo libro vedremo quali come attuare alcune trasformazioni e come utilizzare al meglio i livelli, come ritoccare le immagini e quali strumenti di disegno sono disponibili all'interno di questo fantastico software.

Per poter approfondire tali argomenti presupponiamo che tu abbia già delle competenze basilari di Photoshop e che tu abbia già installato il software con una licenza valida. Iniziamo subito e sbizzarriamoci nel modificare le nostre foto, rendendole più belle o, semplicemente, più divertenti!

Capitolo 1: Livelli

La prima cosa da approfondire sono i livelli perché ti consentono di gestire tutti i vari strati che compongono un'immagine. Con i livelli potrai lavorare tranquillamente su una sezione dell'immagine senza preoccuparti di modificare o cancellare altre zone dell'immagine stessa. Apprendere come funzioni un livello, e come questo interagisca con gli altri, permetterà infatti non solo di comprendere il workflow tipico del software Adobe ma anche di ottenere il massimo dal design e dal fotoritocco.

Questi possono essere considerati alla stregua dei classici fogli lucidi trasparenti: adeguatamente gestiti, infatti, possono coprire o svelare il contenuto sottostante. Nel software Adobe, vi si fa principale ricorso per azioni di modifica non distruttive rispetto allo sfondo originale, affinché eventuali cambiamenti coinvolgano solo una porzione dell'effetto che si desidera raggiungere. Tutte le opzioni per i livelli sono contenute nell'omonimo menu Livello.

Come potrai notare, inoltre, nella colonna di destra è presente un pannello dedicato, dove accedere velocemente a ogni funzione desiderata, anche con l'aiuto di menu contestuali.

Livelli

Operare con i livelli è abbastanza semplice. Il primo passo è ovviamente quello di imparare a creare un nuovo layer (o livello) da sovrapporre allo sfondo in uso, un foglio bianco, trasparente oppure una fotografia.

Per crearlo, è sufficiente le opzioni Nuovo o Nuovo da Sfondo, nell'omonima voce Nuovo del menu Livello. In alternativa, si può ricorrere all'apposita icona nella palette, quella alla sinistra del cestino. Dopo aver scelto uno dei due comandi, si aprirà a schermo una finestra per la definizione delle opzioni di base per il nuovo livello. Si potrà scegliere il nome, ad esempio, ma anche il colore di riempimento. Il layer potrà essere trasparente, incorporare un colore a tinta unita o risultare completamente bianco.

Per ogni livello sono disponibili dei metodi di fusione e in questo frangente è sufficiente sottolineare come ogni metodo di fusione determinerà una modalità di sovrapposizione diversa sul livello precedente. Ad esempio, scegliendo Scurisci, il livello sottostante apparirà ovviamente più scuro ma nella gran parte dei casi, l'opzione Normale è quella più indicata. Seleziona l'opzione preferita e il livello appena creato verrà inserito nel pannello di destra.

L'ordine dei livelli può essere semplicemente modificato spostandoli con il mouse dall'apposita palette, mantenendo premuto durante di trascinamento. Il livello Sfondo, tuttavia, è per opzione di default bloccato: questo per evitarne, infatti, cambiamenti accidentali. Spesso, tuttavia, è necessario modificarlo: sarà sufficiente cliccare sull'icona a lucchetto nel pannello, quindi modificare le opzioni a piacere, nonché come già visto per tutti gli altri layer.

I singoli livelli possono essere accesi o spenti, ovvero resi visibili oppure invisibili. Per farlo è sufficiente agire sull'icona a occhio posizionata alla sinistra di ogni singolo layer, nell'apposito pannello. Talvolta può essere utile già modificare l'opacità di ogni singolo layer, che è possibile modificare agendo sull'apposito slider. In tal modo sarà infatti possibile controllare il grado in percentuale di trasparenza del livello stesso, rendendo quindi quello sottostante più o meno visibile.

Può capitare, sia durante che alla fine delle operazioni di modifica, di dover unire due o più livelli, affinché vengano tutti racchiusi in un unico layer. Per raggiungere questo obiettivo, è sufficiente selezionare con il mouse tutti i livelli di proprio interesse, purché contigui l'uno con l'altro. Dopodiché, agendo dal menu

Livello o tramite il menu contestuale disponibile con il tasto destro del mouse, sarà sufficiente scegliere l'opzione Unisci Livelli.

Con lo stesso procedimento, si potrà accedere a numerose altre opzioni, quale l'unione della porzione visibile dei livelli e molto altro. Di uso frequente è la funzione Duplica Livelli, per crearne delle copie, ma anche Gruppo di Livelli, per raggruppare i layer in un sottoinsieme, affinché il workflow rimanga sempre ordinato.

Gruppi di livelli

Come abbiamo appena accennato, è bene cominciare a pensare al raggruppamento dei livelli. Mantenere un workflow ordinato, soprattutto quando si ha a che fare con decine di livelli, è infatti essenziale per poter lavorare comodamente con Photoshop. Inoltre, i livelli raggruppati possono anche essere modificati contemporaneamente grazie a funzioni apposite.

Quando si lavora con molti livelli, può essere utile raggrupparli. Questo, così come già accennato, sia per mantenere un workflow ordinato che per effettuare delle modifiche cumulative, senza però unire o collegare i layer stessi in uno solo, così come accadrebbe per il comando Unisci.

Per poter creare un gruppo di livelli, è innanzitutto necessario selezionare i layer di proprio interesse, purché siano contigui. Se così non fosse, è sufficiente spostarli con il solito comando di trascinamento. Per poter effettuare una selezione, è sufficiente cliccare con il mouse di fianco al nome del livello e, per i successivi, mantenere premuto il tasto SHIFT. Una volta selezionati, è sufficiente cliccare con il tasto destro di fianco al nome di uno dei layer prescelti, dopodiché scegliere dal menu a tendina la funzione Gruppo da Livelli.

Dopo aver selezionato la funzione, il gruppo verrà mostrato con un'icona a cartella nella palette dei Livelli: proprio come una comune directory del proprio computer, si potrà aprire per verificarne il contenuto, cliccando sulla freccia a scorrimento dell'icona stessa. Naturalmente, cliccando sul nome del gruppo potrà esserne modificato il nome, per una rapida identificazione fra i tanti con cui si lavorerà.

Così come già accennato, i gruppi non sono soltanto utili per riordinare il proprio workflow ma sono anche ideali per applicare delle funzioni comuni di base. In particolare, le operazioni cumulative sui gruppi sono quelle relative agli effetti di livello, ovvero le Opzioni di Fusione, quindi a tutti quegli interventi che non predispongono automaticamente una maschera o un livello proprio. Si ipotizzi di voler applicare ai livelli visibili una sfumatura, regolandone opportunamente l'opacità. Cliccando sulle Opzioni di Fusione, si opterà quindi per Sovrapposizione Sfumatura, si applicherà il gradiente desiderato e, dall'apposito slider, se ne regolerà l'opacità.

Se l'operazione viene effettuata con il gruppo chiuso, ovvero senza la visualizzazione nella palette di tutti i layer che lo compongono, l'effetto verrà applicato al gruppo intero. Al contrario, espandendo il gruppo, si potrà scegliere anche uno solo dei livelli in esso contenuti per applicare l'effetto di propria preferenza, procedendo come di consuetudine.

Maschere

Per quanto questi comandi si rivelino molto comodi, non sempre rispondono a tutte le necessità di ritocco. Può capitare, infatti, di dover rendere visibile solo una porzione del layer sottostante. A questo scopo, si può procedere con la tradizionale Gomma ma, essendo un metodo distruttivo, si perderà una parte consistente in pixel del livello superiore. In alternativa, si possono sfruttare le utilissime Maschere di Livello.

Le Maschere di Livello sono uno strumento imprescindibile per il fotoritocco, poiché rappresentano degli elementi di composizione atti a nascondere una porzione del livello attivo, per mostrarne il corrispettivo del layer sottostante, senza tuttavia comportare effetti distruttivi sull'originale. Si ipotizzi di aver a disposizione due livelli e di voler rendere visibile una porzione del livello inferiore su quello superiore.

Ad esempio, si potrebbe desiderare di mostrare un romantico cielo nuvoloso, rappresentato dal primo livello, su un'immagine con protagonista invece una mongolfiera, al secondo layer. Procedendo con il classico strumento Gomma, si potrà di certo cancellare la porzione non voluta del secondo livello, affinché il primo venga mostrato, ma si tratta di un metodo distruttivo.

In alternativa, si può aggiungere una Maschera di Livello, affinché la modifica non sia distruttiva. Cliccando sulla relativa icona nella palette dei livelli, rappresentata da un rettangolo solcato da un cerchio, di fianco al layer selezionato apparirà un box bianco. Quella non è altro che la maschera su cui si andrà a intervenire.

Per semplificare la comprensione, seppur in modo non esaustivo, si può sostenere che la Maschera lavori al negativo. Di conseguenza, per eliminare in modo non distruttivo una porzione del livello di proprio interesse, non bisognerà fare altro che colorare la stessa porzione sulla maschera di colore nero.

Dopo aver selezionato proprio la maschera, seleziona lo strumento Pennello, scegli la punta preferita e assicurati che, nel picker dei colori, sia stato scelto il nero come colore primario e il bianco come quello di sfondo. A questo punto, non resterà che colorare l'area che si intende rendere visibile. Così come già accennato, la maschera non elimina alcun pixel del livello superiore, bensì lo nasconde: qualora il risultato ottenuto non fosse gradito, basterà eliminare la maschera senza alcuna perdita d'informazione sull'immagine originale.

Un metodo ancora più veloce per approfittare delle funzionalità delle maschere è quello di crearle a partire da una Selezione. In questo modo, si potranno controllare meglio i contorni, operazione resa invece più difficile dal tratto a pennello.

Effettua la selezione della porzione che si intende nascondere con la maschera, tramite lo strumento preferito. Ribadendo come la maschera stessa agisca per negativo, è quindi importante ricordare come la selezione stessa debba essere inversa. Dopo aver creato la selezione, cliccando l'icona apposita della palette dei livelli, la stessa del precedente paragrafo, verrà automaticamente creata la maschera relativa, con l'area desiderata già nascosta.

Naturalmente, in qualsiasi momento si potrà operare direttamente sulla maschera, qualora l'intervento sul livello non fosse sufficientemente comodo o, in alternativa, si desiderasse migliorarne il tratto. Per farlo, è sufficiente cliccare sul box bianco di fianco al livello di proprio interesse, tenendo premuto il tasto ALT.

Opzioni di fusione

Dopo aver appreso le funzionalità e gli strumenti di base per la gestione dei livelli, utile è comprendere qualche nozione sui loro stili, nonché sulle modalità con cui fondere più livelli sovrapposti. Per farlo, Photoshop mette a disposizione due strumenti integrati, raggruppati nella medesima finestra: gli Stili Livello e le Opzioni di Fusione.

In via del tutto esemplificativa, poiché si entrerà nel dettaglio nel prossimo paragrafo, gli stili di livello permettono di applicare al proprio layer, o a più livelli, un particolare effetto estetico.

Con le opzioni previste per la fusione, invece, si regolerà il modo con cui due o più livelli sovrapposti andranno ad amalgamarsi, determinando il modo con cui i pixel del livello superiore si fonderanno con quelli del livello inferiore. Sono diverse le modalità con cui è possibile accedere alle varie funzioni relative agli Stili Livello e alle Opzioni di Fusione. È necessario, tuttavia, assicurarsi che il livello, o il gruppo di livelli, su cui si andrà ad agire sia sbloccato.

Il primo metodo è molto semplice: è sufficiente cliccare con il tasto destro accanto al nome del layer e, dal menu contestuale, scegliere la voce Opzioni di Fusione. In alternativa, è sufficiente premere l'apposita icona nella palette dei livelli, identificata dalla dicitura "fx". Agendo sui menu contestuali precedenti, si aprirà la finestra degli Stili Livello, ideale sia per gestire l'apparenza dei singoli livelli che, come già spiegato, la loro fusione. Sulla colonna di sinistra sono presenti le varie opzioni, da applicare singolarmente o in modo abbinato fra loro, mentre nella porzione destra della finestra verranno mostrate le singole impostazioni per lo stile scelto.

Partendo dalle Opzioni di Fusione, la prima voce disponibile dalla colonna di sinistra, si potrà regolare il modo con cui un livello possa amalgamarsi con quelli sottostanti. Le possibilità a disposizione sono davvero le più disparate e nella maggior parte dei casi non rispondono a precisi effetti standard. Questo perché ogni livello, a seconda del colore e di quelli sottostanti, reagirà in modo diverso alla medesima funzione. Alcune opzioni, tuttavia, permettono di intravedere il risultato finale: il comando Scurisci aumenterà i livelli del nero sul layer selezionato, Schiarisci sortirà l'effetto opposto al precedente, Scolora ridurrà la saturazione delle tinte e via dicendo.

Il metodo più rapido per apprendere il funzionamento è sperimentare con ogni singola voce, modificandone le singole impostazioni, per scoprire quale sia il risultato finale per i propri livelli. L'effetto applicato apparirà nella palette dei livelli, al di sotto del nome del layer: qualora non fosse gradito, si potrà spegnerlo o eliminarlo definitivamente.

Le voci successive, sempre nella colonna di sinistra, rappresentano gli stili da applicare al proprio livello. Anche in questo caso, il consiglio è quello di sperimentare, fino a trovare l'effetto desiderato: per annullare una modifica non gradita, infatti, basterà togliere la spunta alla voce selezionata. Sempre come per le Opzioni di Fusione, gli effetti ottenuti non sono standardizzati, ma variano a seconda delle caratteristiche del livello: impossibile, di conseguenza, proporne una casistica esaustiva. Vediamone qualcuno del vasto elenco.

Gli effetti Smusso ed Effetto Rilievo, ad esempio, permettono di aggiungere una sorta di cornice al proprio livello, una cornice che apparirà in rilievo grazie a un gioco di chiari e scuri. Dalle impostazioni si potrà definire la grandezza del rilievo, il tipo di arrotondamento e contorno, l'intensità delle ombre e molto altro ancora.

Bagliore Interno, invece, aggiungerà un piccolo contorno più chiaro all'interno del livello, a piacere al centro oppure sul contorno dello stesso. Proseguendo con alcuni stili d'esempio, molto interessante è anche Sovrapposizione Colore, pensato per aggiungere una tonalità di propria scelta sull'intero livello, sia a tinta piena che in lieve opacità rispetto al layer.

In modo analogo al precedente, Sovrapposizione Sfumatura permette di aggiungere un gradiente di propria scelta, sia a tinta piena che in lieve opacità sul livello. Per destreggiarsi con tutti gli stili livello, anche tra quelli non elencati in questo frangente, non vi è altra possibilità che la sperimentazione pratica. Trattandosi di metodi non distruttivi, in caso di errori o conseguenze poco gradite, si potrà sempre tornare allo step precedente.

Capitolo 2: Regolazioni

Per gestire gli effetti visivi relativi ai livelli, non esistono solo le Opzioni di Fusione e gli Stili Livello, analizzati genericamente nei precedenti paragrafi. È infatti possibile impostare alcune opzioni di base per i livelli, tra cui la tonalità o la resa del bianco e nero, grazie alle Regolazioni che Photoshop mette a disposizione. Si tratta di un gruppo di comandi che permette, in modo semplice e veloce, di modificare l'aspetto finale del livello selezionato sia con interventi sul colore che, più di sovente, con delle azioni fotografiche specifiche.

Le varie regolazioni sono disponibili all'interno del pannello Proprietà del livello selezionato o, più comodamente, optando per il menu contestuale alla pressione dell'apposita icona nella palette dei livelli. Questa icona è identificata da un cerchio bianco e nero.

Lavorare con le regolazioni per i livelli è davvero semplice, anche perché si tratta di un'operazione non distruttiva: ogni opzione disponibile, infatti, porterà alla creazione automatica di un nuovo layer o di una maschera sopra a quello selezionato. In caso non si fosse soddisfatti del risultato, di conseguenza, si potrà semplicemente eliminare il livello o la maschera aggiuntivi.

Le prime tre opzioni a disposizione riguardano colori e tinte in sovrapposizione al layer selezionato. Si potrà optare per una Tinta Unita da scegliere dalla palette dei colori o con il contagocce, quindi una Sfumatura o un Pattern. Naturalmente, la prima applicazione porterà alla copertura completa del livello selezionato ma basterà impostare opacità e riempimento per garantirne la visibilità, così come spiegato precedentemente.

Il successivo gruppo di opzioni, separato dai precedenti da una linea di demarcazione nel menu contestuale, è invece dedicato alle regolazioni fotografiche. Il primo comando a propria disposizione è quello della Luminosità e Contrasto: infatti grazie agli appositi slider nel pannello Proprietà, sarà possibile gestire questi due valori sul livello selezionato, con un'anteprima in tempo reale dell'effetto che si andrà a ottenere.

Con l'opzione Valori Tonali, invece, si potrà correggere la gamma tonale e il bilanciamento del colore di un livello, agendo su ombre, mezzi-toni e luci, il tutto lasciandosi guidare dal comodo istogramma riportato nel pannello Proprietà. Per farlo, come consuetudine, sarà sufficiente spostare gli slider disponibili a proprio piacere, a seconda dell'effetto ottenuto sull'anteprima del layer.

Per i fotografi e per i più esperti, è possibile anche agire sulle Curve del livello prescelto: grazie a questa opzione, si potrà regolare ogni punto dell'intera gamma tonale, agendo direttamente sul grafico della gamma stessa. All'apertura del pannello delle Proprietà, il grafico sarà rappresentato da una linea retta e obliqua, muovendo quest'ultima e spostandosi verso l'alto si accentueranno le luci, mentre verso il basso le ombre. L'asse orizzontale, inoltre, rappresenta i valori tonali di input, cioè quelli originali del livello, mentre quello verticale i valori tonali di output.

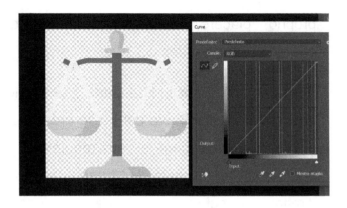

L'opzione Esposizione, così come suggerisce il nome, consente di aumentare o diminuire il tempo di esposizione di un'immagine ospitata in un livello, quindi regolando virtualmente la durata d'apertura dell'otturatore della fotocamera. Oltre a questo, si potrà intervenire anche sullo Spostamento e sulla Correzione Gamma dello scatto.

Il successivo gruppo di comandi, sempre separato dal precedente con una linea di demarcazione nel menu contestuale, è davvero nutrito di possibilità. Si tratta sempre di opzioni dalla natura fotografica ma dall'uso estremamente quotidiano. Fra le possibilità, si potrà avere accesso alla Vividezza del livello, quindi alla Tonalità e alla Saturazione, al Bilanciamento Colore, alle regolazioni per il Bianco e Nero, ai Filtri Fotografici, al Miscelatore Canale e, non ultimo, alla Consultazione Colore.

Queste opzioni, per quanto semplici, non possono essere considerate universali: l'effetto finale, infatti, si differenzierà a seconda delle caratteristiche originali del livello su cui si andrà a operare. La gestione è comune a tutti i comandi: basta sperimentare, infatti, con i canonici slider.

L'ultimo gruppo di opzioni, infine, dimostra una natura più artistica per le regolazioni. Così come suggerisce il nome, il comando Inverti permette di ottenere una versione al negativo del layer prescelto, per i più svariati scopi creativi. All'attivazione del comando, non verrà però mostrato il pannello Proprietà bensì l'effetto verrà direttamente applicato.

Le successive possibilità di questo gruppo, tra cui Posterizza, Soglia, Mappa Sfumatura e Correzione Colore Selettiva, funzionano in modo del tutto analogo ovvero senza opzioni nel pannello Proprietà o, in alternativa, con finestre di dialogo proprie. Trattandosi di possibilità pensate per gli utenti avanzati, vengono spesso abbinate a filtri o altri interventi corposi sulle immagini.

Capitolo 3: Trasformazioni

Dopo aver appreso le funzionalità di base dei livelli, e prima di passare al fotoritocco vero e proprio, utile è soffermarsi sulle trasformazioni avanzate disponibili in Photoshop. Grazie a queste, infatti, sarà possibile adattare i propri scatti e i conseguenti layout a ogni esigenza, per rendere la successiva fase di ritocco ancora più facile.

Le principali trasformazioni di base, come facile intuire, sono propedeutiche al lavoro quindi dovresti essere in grado di ritagliare, ruotare o scalare un'immagine.

Quando si lavora con Photoshop, non capita di rado di dover ridimensionare un'immagine: tramite il comando Scala, è possibile ingrandire o rimpicciolire lo scatto sul layout ma anche semplicemente modificarne larghezza o altezza con le funzioni di trascinamento. Queste operazioni, tuttavia, portano generalmente a una distorsione dei soggetti ripresi, un fatto del tutto fastidioso poiché vengono alterate le proporzioni della scena inquadrata. Lo strumento Scala in base al Contenuto nasce proprio per sopperire a questa mancanza: permetterà di effettuare alterazioni non proporzionali, senza però distorcere il soggetto in primo piano o, in alternativa, quello selezionato.

Si ipotizzi di voler aumentare le dimensioni di un'immagine sul piano orizzontale, allungandone il quadro. Dal menu Immagine si selezionerà la funzione Dimensioni Quadro e, dall'apposita finestra che apparirà a schermo, si inserirà il valore della larghezza desiderato. Il risultato finale sarà l'immagine iniziale completata con due aree di uguale dimensione alla destra e alla sinistra, di colore bianco qualora il livello fosse bloccato o trasparente in caso contrario.

A questo punto, non resta che scalare l'immagine affinché riempia completamente il quadro poc'anzi modificato. Si ipotizzi di voler quindi allungare lo scatto, senza però creare una distorsione: impossibile da raggiungere con il comune comando Scala. Optando per Scala in base al Contenuto, invece, si potrà ottenere un allungamento senza compromettere le proporzioni del soggetto in primo piano. Seleziona l'intera immagine e, dopo aver scelto il comando dal menu Trasforma, allunga a destra oppure a sinistra secondo le proprie necessità.

Nella sua declinazione di default, la funzione analizza automaticamente l'immagine e, sempre in modo altrettanto automatico, preserva dalla distorsione gli elementi considerati in primo piano, agendo invece su quelli di sfondo o sfumati. Può capitare, tuttavia, che il soggetto che si desidera preservare non venga identificato correttamente dal software o, ancora, che si voglia proteggere un elemento secondario della scena. In questo caso, sarà necessario qualche passo in più, per istruire Photoshop sugli elementi da prendere in considerazione e quali, invece, ignorare.

In questi casi, tramite lo strumento preferito, ad esempio il Lazo, si può eseguire una selezione grossolana attorno al soggetto di proprio interesse. Dopodiché, si salva la selezione con il comando Salva Selezione, contenuto nell'omonimo menu Selezione, specificandone il nome e la tipologia di canale.

A questo punto, si può selezionare nuovamente l'intera immagine e, dopo aver scelto Scala in Base al Contenuto, sarà disponibile un menu a tendina chiamato

Proteggi da cui scegliere la selezione salvata con il passaggio precedente. Procedendo ora all'allungamento dello scatto, l'area selezionata non verrà distorta.

È interessante notare come, in caso si decidesse di lavorare su soggetti umani in primo piano, il comando permette anche di proteggere i tratti dalle distorsioni grazie all'uso dell'apposita icona rappresentata da un omino stilizzato.

Alterazioni

Il percorso dedicato alle trasformazioni avanzate di Photoshop prosegue con uno strumento molto efficace: quello dell'Alterazione Prospettica. Grazie a questo tool, infatti, sarà molto semplice correggere la prospettiva di un'immagine, spesso distorta sia dalle lenti della macchina fotografica che dalla posizione stessa di scatto. Non capita di rado che, una volta scattata una fotografia, la prospettiva dell'inquadratura non sia perfettamente corretta. Una condizione molto evidente quando si fotografano paesaggi e edifici, dovuta sia alla tendenza alla distorsione delle lenti delle macchine fotografiche, che al punto d'osservazione del fotografo.

Quante volte ti è capitato di vedere come i lati destro e sinistro del palazzo siano leggermente incurvati?

Lo strumento Alterazione Prospettica ci aiuta a risolvere questo problema e si trova nel menu Modifica: per accedervi, però, è necessario che il livello su cui si vorrà lavorare sia sbloccato. Per eliminare il blocco, è sufficiente cliccare sull'icona a lucchetto posta di fianco al nome del livello desiderato.

Una volta selezionato lo strumento Alterazione Prospettica, apparirà un tool per il disegno sul livello scelto. Si tratta di una griglia a punti, che potrà essere modificata a piacere per tracciare la propria prospettiva. È necessario, per approfittare delle funzionalità dell'Alterazione Prospettica, tracciare almeno due griglie sul singolo livello.

La griglia creata, naturalmente, deve essere posta in prospettiva rispetto al soggetto da correggere all'interno dell'immagine. Per farlo, si trascinano gli appositi punti agli angoli: spostandosi in qualsiasi direzione con il mouse, questi si modificheranno rispetto al centro, determinato dal punto diametralmente opposto. È necessario, tuttavia, che la griglia venga posizionata nel modo più vicino possibile all'effetto di prospettiva che si vorrà ottenere.

Per immagini complesse, ad esempio, un incrocio stradale o di un edificio immortalato rispetto a uno dei suoi angoli, è necessario tracciare più di una griglia. Rispetto a quanto già fatto, si dovrà posizionare il nuovo reticolo sul lato adiacente a quello creato nel passaggio precedente, unendolo a quello esistente sul lato libero più prossimo. Per farlo, è sufficiente avvicinare la griglia al lato stesso: Photoshop li collegherà automaticamente.

A questo punto, si otterrà sul livello un reticolo di prospettiva, un poligono complesso modificabile in ogni suo punto di ancoraggio e spostando ogni punto con il mouse, infatti, l'intera fotografia sottostante verrà modificata, fino ad ottenere il risultato sperato. L'attività potrebbe richiedere una certa pazienza, nonché molto tempo, poiché la modifica di un singolo punto porta a cambiamenti sull'intera fotografia: sarà quindi necessario sperimentare per trovare un buon equilibrio fra tutti gli elementi ripresi. Alcune parti dell'immagine potrebbero risultare ingrandite rispetto all'originale, mentre altre potrebbero apparire più piccole o tagliate. Per questo motivo, dopo aver corretto la prospettiva, potrebbe essere necessario ricorrere allo strumento Taglierina per eliminare eventuali parti in eccesso o aree di sfondo visibili.

Tra le funzioni di trasformazione avanzata, Photoshop offre da tempo uno strumento molto versatile: quello dell'Alterazione Marionetta. Introdotto con CS5, il tool permette di modificare la posizione di alcuni elementi dell'immagine, facendo leva su dei punti cardine. Nel dettaglio, così come suggerisce il nome, l'Alterazione Marionetta permette di suddividere un soggetto ripreso in porzioni simili a uno scheletro, spostandone quindi i singoli arti a proprio piacimento.

Come tutti gli strumenti di trasformazione avanzata di Photoshop, anche l'Alterazione Marionetta si trova all'interno del menu Modifica. Per accedervi, tuttavia, è necessario che il livello sia sbloccato. Prima di procedere, è necessario verificare di essere in possesso di un'immagine che possa prestarsi a questo tipo di trasformazione quindi con soggetti umani, animali, ma anche pupazzi o personaggi di fantasia. Oltretutto è meglio che l'immagine sia stata precedentemente scontornata e posta su uno sfondo trasparente. La tipologia di sfondo è infatti molto importante: qualora non fosse omogeneo, la trasformazione potrebbe portare a sgradevoli incongruenze visive.

Perni di Alterazione

Dopo aver selezionato l'omonimo comando, l'immagine scontornata sarà racchiusa in una griglia, una sorta di wireframe che permetterà di lavorare agevolmente sul soggetto ripreso, identificandone facilmente le aree che meglio si prestano a un nuovo posizionamento.

Prescelta l'area che si desidera alterare, si procede alla definizione di alcuni punti, detti Perni di Alterazione, attorno ai quali le porzioni della figura potranno ruotare. Per farlo, è sufficiente cliccare con il mouse sulla zona in cui si desidera appaia il perno. Naturalmente, a seconda del tipo di risultato finale desiderato, un singolo perno di rotazione potrebbe non essere sufficiente ai propri scopi. Sempre cliccando con il mouse, di conseguenza, è possibile aggiungerne di nuovi, possibilmente con una distribuzione abbastanza omogenea.

Posizionati tutti i perni, è possibile passare all'alterazione vera e propria. Si noterà come, passando il mouse sopra a un perno già esistente, l'icona dello stesso si modificherà, nascondendo la puntina – detta anche pin – precedentemente sfruttata per l'ancoraggio. Cliccando su un perno disponibile, e mantenendo premuto, lo si potrà trascinare ottenendo immediatamente una modifica della posizione dell'area su cui si sta lavorando. Ovviamente, quando si lavora con perni multipli si dovrà procedere a tentativi, modificando ciascun punto a poco a poco, fino a ottenere l'effetto sperato.

Come già accennato, sul singolo soggetto è possibile definire più perni d'alterazione, anche con una distribuzione a gruppi. Quando sufficientemente distanziati sul layout, infatti, tali punti possono anche fungere in modo abbastanza indipendente, seppur comunque comportando qualche modifica anche allo scatto nel suo complesso. Ad esempio, sarà possibile cambiare a proprio piacimento non solo la posizione delle braccia ma anche quella delle gambe o, in alternativa, del busto di una persona.

Allineamento e fusione

Tra le varie trasformazioni avanzate disponibili in Photoshop, particolarmente interessanti risultano due opzioni del tutto automatizzate, pensate per realizzare piccole composizioni di immagini. Con l'Allineamento Automatico Livelli e la Fusione Automatica Livelli, infatti, sarà possibile gestire i propri layer in modo rapido e immediato.

Si supponga di disporre di tre livelli dai toni e dai soggetti simili, contigui fra di loro ma non perfettamente allineati. Per facilitare la comprensione, pensiamo ad uno scatto panoramico suddiviso in tre porzioni distinte.

Sebbene Photoshop, soprattutto a partire dall'edizione CC, fornisca delle griglie rapide per l'allineamento dei vari livelli, non sempre il risultato manuale è dei migliori. Con la funzione Allineamento Automatico Livelli, disponibile nel menu Modifica, il software provvederà autonomamente a questo compito, compensando con l'elaborazione grafica eventuali sovrapposizioni non coerenti.

Una volta selezionata la funzione, una finestra di dialogo mostrerà le varie alternative per realizzare il proprio allineamento e di seguito, gli effetti ottenibili per ogni singola opzione:

- Automatica: il software sceglie autonomamente a seconda del risultato migliore, l'applicazione di un layout Prospettiva o Cilindrico;
- Prospettiva: il software sceglie, fra le caratteristiche dei layer, quello che può fungere come immagine di riferimento, quindi sposta, allunga o inclina gli altri layer fino a ottenere la migliore composizione;

- Cilindrico: allinea i livelli per ottenere l'effetto migliore, determinando una distorsione agli angoli, allargandone quindi la profondità di campo;

- Sferico: allinea in modo sferico le immagini, modificandole sia in verticale che in orizzontale, a seconda del layer centrale di riferimento;

- Collage: allinea i livelli a seconda delle corrispondenze delle sovrapposizioni, senza distorcere i soggetti delle immagini;

- Riposiziona: non modifica i livelli durante l'allineamento, quindi non allunga o riduce i riquadri né i soggetti inquadrati.

Riprendendo il nostro esempio iniziale, puoi usare semplicemente l'impostazione Automatica e il panorama iniziale, verrà completamente ricomposto. Sui bordi, tuttavia, potrebbe essere necessario un blando ritaglio.

Con un funzionamento del tutto simile si trova la funzione Fusione Automatica Livelli che, come suggerisce il nome, permette di fondere più layer sovrapposti dai contenuti simili e contigui, compensando graficamente le aree eventualmente incongruenti e ottenendo un nuovo livello unito.

La funzione si trova sempre nel menu Modifica. Anche in questo caso, all'utente verrà presentata una finestra per la scelta di alcune impostazioni aggiuntive.

Optando per la modalità Panorama, come facile intuire, si otterrà una composizione panoramica delle proprie immagini, con l'eventuale compensazione di aree non perfettamente congruenti. Qualora si spuntasse l'opzione di riempimento in base al contenuto, le aree trasparenti verrebbero coperte. Con Crea Serie di Immagini, invece, la fusione avviene scegliendo il miglior dettaglio di ogni singolo layer, quindi modificando anche tonalità, luminosità ed esposizione per un effetto più artistico.

Trasformazione libera

Dopo aver appreso tutti gli strumenti di Photoshop dedicati alle trasformazioni avanzate, è giunto il momento per uno sguardo alla Trasformazione Libera. Si tratta di un tool che, oltre a racchiudere in un certo senso tutti i precedenti, offre anche grande capacità di personalizzazione da parte dell'utente. Il comando Trasformazione Libera si trova nel menu Modifica.

Di primo acchito, lo strumento Trasformazione Libera può risultare molto familiare: il funzionamento di base, infatti, non è molto dissimile dallo strumento Scala, già visto ed usato. Dopo aver selezionato il livello sul quale si vuole lavorare, sbloccandolo se si tratta di quello di sfondo, appariranno delle apposite maniglie di trascinamento, poste agli angoli e al centro dei lati del layer stesso.

Trascinando le maniglie nella posizione preferita, si potrà modificare il livello secondo la dimensione desiderata. A differenza di Scala, tuttavia, lo strumento non vede limiti di deformazione: la modifica del layer, infatti, potrebbe anche non risultare in proporzione alle dimensioni originali dell'oggetto o dell'immagine modificata.

Lo strumento Trasformazione Libera vede anche delle funzioni aggiuntive, alcune accessibili posizionando il mouse su porzioni ben precise del livello, altre tramite l'abbinamento con alcuni comandi da tastiera. La prima viene rappresentata dalla possibilità di ruotare il livello o l'immagine su cui si sta lavorando: è sufficiente posizionare il mouse nelle vicinanze delle maniglie poste agli angoli, attendere la modifica del cursore in un'icona a doppia freccia ricurva e trascinare nella direzione desiderata. Si tratta di una funzionalità molto comoda poiché evita di ricorrere al menu Trasforma, oppure alle funzioni avanzate di Ritaglio, eliminando passaggi noiosi.

Così come già accennato, la funzione vede anche l'associazione con alcuni comandi da tastiera, pensati per abilitare alcune possibilità aggiuntive. Il primo, e forse dall'utilizzo più frequente, serve per effettuare una trasformazione svincolata dal centro. Trascinando normalmente le maniglie disponibili, si noterà come la modifica dell'immagine o dell'oggetto avvenga sempre dal suo centro, quindi con una distorsione che tende a essere lineare sia in altezza che in larghezza.

Mantenendo premuti i tasti ALT o CMD, rispettivamente per Windows o Mac, la distorsione si sposterà invece rispetto al centro del bordo selezionato. Allo stesso tempo, premendo CTRL o CMD + SHIFT, sempre a seconda dei due sistemi operativi poc'anzi citati, si potrà inclinare l'immagine, il layer oppure l'oggetto secondo le proprie preferenze.

Non è però tutto, poiché lo strumento di Trasformazione Libera permette di agire, seppur in modo elementare, anche sulla prospettiva. A questo scopo è forse più utile ricorrere a tool dedicati, come l'Alterazione Prospettica visti nei capitoli precedenti, tuttavia per la modifica di base del piano è sufficiente mantenere premuti i tasti CTRL+ALT+SHIFT, effettuando quindi un trascinamento dalla maniglia centrale del lato prescelto.

Capitolo 4: Il ritocco

Ora che hai maggiori informazioni di base sulla gestione dei livelli, sulle selezioni e sulle trasformazioni, le competenze sono ora sufficienti per lanciarsi nelle prime operazioni di ritocco fotografico. In questo capitolo, infatti, si analizzeranno gli strumenti più idonei per delle semplici modifiche ai propri scatti, sia in termini di editing dei soggetti ripresi, che di colori e disegno.

Il primo strumento utile a questo scopo, e probabilmente il più famoso, è certamente il Timbro Clone. Si tratta di un tool che, come suggerisce il nome, permette di copiare una porzione di un livello per replicarla in un'altra area dello stesso, in modo immediato e veloce.

Timbro Clone

Per accedere al Timbro Clone, è sufficiente selezionare l'apposita icona nella barra degli strumenti, che è appunto identificata da un timbro. Come già accennato, lo strumento permette di copiare delle porzioni di un livello in un'area più o meno limitrofa dello stesso.

Prima di cominciare, tuttavia, è utile specificare come la duplicazione in questione sia completamente grezza, ovvero non disponga di sistemi di ammorbidimento e armonizzazione con lo sfondo. Di conseguenza, il tool permette di raggiungere i massimi risultati quando si lavora con immagini dai soggetti e dal background uniformi.

Il primo passo prevede l'individuazione di un target, ovvero della porzione del livello che si vorrà clonare altrove. Per farlo, ci si posiziona con il mouse sul soggetto di proprio interesse, per poi premere il tasto ALT: il cursore assumerà la forma di un mirino, segnalando la memorizzazione del punto d'origine.

Una volta scelto il target ci si può spostare con il mouse e, alla fine, il cursore mostrerà un'anteprima della copia, grande quanto le dimensioni impostate per il timbro stesso. Una comodità del tutto indispensabile, per individuare la posizione migliore per la duplicazione prima di avviare effettivamente il lavoro, evitando perciò perdite di tempo con un calcolo spannometrico degli spazi.

Dopo aver determinato la posizione, non resta che procedere alla duplicazione, mantenendo premuto il tasto sinistro del mouse e scorrendo con lo stesso lungo l'area di proprio interesse. Si noterà come, durante la copia, sul soggetto originale venga mostrata una croce, che permetterà di orientarsi con il tracciato. Bisogna considerare il funzionamento e gli spostamenti del timbro clone, infatti, alla stregua di un elementare pantografo.

Sempre orientandosi tramite l'area target, sarà quindi possibile terminare la copia e, in caso l'immagine possedesse uno sfondo uniforme o comunque incline alla facile mimetizzazione, non saranno necessari altri interventi.

Naturalmente, qualora il proprio progetto includesse delle immagini complesse o degli elementi da copiare dal profilo molto dettagliato, può rendersi necessaria la modifica delle dimensioni e della forma del timbro. Premendo il tasto sinistro del mouse su qualsiasi area del livello, si potrà accedere a una finestra di dialogo per la regolazione della dimensioni del timbro, della durezza del tratto e della forma della punta. Ad esempio, per sfondi dalle rapide variazioni cromatiche, potrebbe essere indicata una punta dalla circonferenza sfumata, per dei risultati maggiormente amalgamati quindi migliori.

Pennello correttivo

Ora che sai come clonare una porzione del livello, il percorso sul ritocco di base in Photoshop passa a uno strumento molto affine, ma per certi versi più comodo: il Pennello Correttivo. Grazie a questo tool, risulterà molto semplice modificare delle porzioni di uno scatto, eliminando parti non gradite o, ancora, spostando degli elementi all'interno dello stesso livello. Photoshop presenta due declinazioni di questo strumento: il Pennello Correttivo classico, dal funzionamento abbastanza analogo al Timbro Clone e il Pannello Correttivo Al Volo, quest'ultimo di più recente introduzione e completamente automatizzato.

Il Pennello Correttivo, in modo del tutto analogo al Timbro Clone, permette di sfruttare un'area sorgente per modificarne un'altra vicina, anche contigua. A differenza del timbro, tuttavia, garantisce anche la copia di luci e trasparenze, nonché degli effetti già applicati sul livello, per un risultato più omogeneo. Il tool si trova nella palette degli Strumenti ed è rappresentato da un'icona a cerotto.

Il primo passo è quello di definire l'area sorgente, che servirà allo strumento per copiare e coprire la zona che si desidera modificare. Per farlo, è sufficiente cliccare sul punto di proprio interesse, mantenendo premuto il tasto ALT fino all'apparizione di un cursore a mirino.

A scopo d'esempio si ipotizzi di voler eliminare l'ombra di un oggetto: sarà sufficiente trascinare il mouse sopra l'area in questione, mantenendo premuto, per vederne la modifica in tempo reale. Naturalmente, il pennello prevede delle opzioni aggiuntive, per rendere la modifica ancora più gratificante: dalla barra superiore delle Opzioni, infatti, si potrà scegliere il grado di opacità della modifica, optare per il campionamento del layer principale oppure per l'uso di un pattern, definire le modalità di allineamento e quale livello impiegare come sorgente.

Il Pannello Correttivo al Volo rappresenta un'evoluzione particolarmente interessante, nonché estremamente comoda, dello strumento classico. Il suo funzionamento, infatti, è completamente automatizzato: non è necessario stabilire un'area sorgente, Photoshop modificherà in modo autonomo l'immagine in base al contesto. Per questo motivo, il tool può ritornare utile non solo sulle grandi dimensioni ma anche per scatti particolarmente complessi, con evidenti stacchi di colore, soggetti dai profili irregolari, aree sfocate e molto altro ancora.

Il pennello si trova sempre sulla palette degli Strumenti ed è identificato dalla medesima icona a cerotto, questa volta completata da una linea tratteggiata. Per aiutare a comprendere il funzionamento del Pennello Correttivo al Volo, si procederà con un esempio intermedio. Si ipotizzi di voler eliminare solo una porzione di un calice di vino, ad esempio lo stelo. Dopo aver selezionato lo strumento, sarà sufficiente passare sulla zona prescelta il mouse, mantenendo premuto e coprire la parte da modificare. Durante la procedura, apparirà un tracciato nero e semitrasparente, tale da lasciare intravedere il livello sottostante. Al rilascio del mouse, Photoshop esaminerà l'area e provvederà autonomamente alla correzione.

Come la gran parte dei pennelli, anche questo strumento prevede la possibilità di regolare la dimensione e la qualità del tratto, per intervenire con più agilità su aree più o meno grandi, a seconda delle esigenze. Basta cliccare con il tasto destro sul livello per regolare slider e impostazioni a piacere. Allo stesso modo, il Pennello Correttivo al Volo presenta le medesime caratteristiche di quello classico nella barra delle Opzioni, già spiegate in precedenza.

Rimozione occhi rossi

Tra le varie possibilità di ritocco di base di Photoshop, uno strumento imprescindibile è quello per la rimozione degli occhi rossi. Si tratta di una fastidiosa imperfezione fotografica, dovuta all'impiego del flash in fase di scatto, capace di rovinare lo sguardo dei soggetti inquadrati. Fortunatamente, Photoshop offre un comodo tool di facile utilizzo e decisamente rapido, per risolvere in modo eccellente questa problematica.

Prima di cominciare, tuttavia, può essere utile apprendere perché gli scatti con flash possano generare questo fastidioso problema. Come certamente noto, la pupilla è solita modificare le proprie dimensioni a seconda dell'intensità della luce a cui è esposta: tende a chiudersi nei luoghi particolarmente illuminati, nonché ad allargarsi in quelli più scuri. Il lampo generato dal flash, impiegato per illuminare delle scene buie, può essere però troppo veloce affinché la pupilla riesca a chiudersi in tempo e, di conseguenza, la luce emessa stesso si riflette sulla retina. Quest'ultima, essendo altamente vascolarizzata, appare perciò d'intenso colore rosso. Inoltre, l'effetto può coinvolgere anche gli animali domestici: per i gatti si otterrà una pupilla di colore giallo, a causa della speciale conformazione della retina per migliorare la visione notturna mentre gli occhi dei cani tenderanno ad apparire verdi, poiché irrorati con sangue venoso.

Le fotocamere moderne, sia a livello consumer che professionali, includono appositi strumenti per ridurre questa problematica, ad esempio con una serie di flash lampeggianti prima dello scatto effettivo, affinché la pupilla stessa possa abituarsi. Tuttavia, quando anche questa soluzione non risulta effettiva, risulta necessario procedere al ritocco digitale.

Si ipotizzi di voler rimuovere l'effetto occhi rossi da uno scatto. Va tenuto conto come la porzione rossa potrà risultare più o meno ampia a seconda delle condizioni di scatto. Dalla barra degli Strumenti, si scelga il tool per gli Occhi Rossi, identificato da una più che esplicativa icona e selezionato lo strumento, il cursore del mouse assumerà la medesima icona, comprensivo di un comodo mirino, identificato dal segno "+". Questa croce permetterà di individuare con relativa facilità il centro della pupilla.

È sufficiente cliccare con il tasto sinistro del mouse nella posizione desiderata, per vedere applicata la modifica: l'area della pupilla, inizialmente colorata di rosso, ritroverà la sua scura tinta originale. Tuttavia, i valori di default dello strumento potrebbero non essere sufficienti per garantire un buon risultato: la pupilla potrebbe apparire troppo grande, eccessivamente opaca o, ancora, scarsamente amalgamata rispetto alla contigua iride.

Fortunatamente, Photoshop permette di arginare anche questo inconveniente. Dalla barra dell'Opzioni, ad esempio, si può agire sul valore di Dimensioni Pupilla: cliccando sul menu a tendina, apparirà uno slider da regolare a proprio piacere. Purtroppo, non esistono dei valori standard a cui fare riferimento: l'effetto finale dovrà basarsi unicamente sui propri gusti, nonché sulle condizioni di scatto di partenza.

Agire unicamente sulla dimensione non è però sufficiente per garantire un buon risultato: è necessario regolare anche l'intensità della copertura, tramite l'opzione Scurisci Pupilla. Analogamente all'opzione precedente, sarà sufficiente cliccare sul menu a tendina e muovere lo slider, fino a raggiungere il risultato desiderato. Naturalmente, qualora l'effetto non fosse di proprio gradimento, si può sempre tornare all'impostazione iniziale tramite il comando Indietro, contenuto nel menu Modifica.

Toppa

Un altro tool utile per il ritocco di base delle fotografie, non molto dissimile dal Pennello Correttivo e dal Timbro Clone visti prima, è lo strumento Toppa. Grazie a questa caratteristica di Photoshop, infatti, sarà possibile isolare una porzione di uno scatto, per sostituirla con un'area analoga dello stesso livello. Così come già accennato, lo strumento Toppa permette di sostituire, tramite una selezione apposita, un'area della fotografia con una porzione analoga o contigua sullo stesso layer e il tool si trova, come consuetudine, nella barra degli strumenti, identificato proprio dall'icona di una toppa.

Per facilitare la comprensione del suo funzionamento, si farà ricorso a un esempio classico. Si ipotizzi di voler sostituire, in uno scatto dedicato a un cielo sereno, una nuvola che si considera visivamente ingombrante.

Dopo aver scelto lo strumento, il primo passo è di isolare la porzione del livello che si desidera sostituire, in modo analogo alle classiche selezioni. Non è necessario che i margini siano particolarmente definiti – l'area scelta può essere anche grossolana – purché vi siano tonalità contigue.

Tale precisazione è necessaria per evitare scarsi risultati o spiacevoli sovrapposizioni di colore, sull'effetto finale.

A questo punto, fermandosi con il puntatore all'interno della selezione, l'icona della toppa verrà completata con delle frecce laterali, pronte a suggerire la possibilità di spostare l'area prescelta, per trovare una porzione analoga sul layer. Mantenendo premuto il tasto sinistro del mouse, è possibile spostare la selezione creata su tutto il livello, per trovare una porzione d'immagine che possa efficacemente sostituire quella originaria. Eseguire questa operazione senza alcun riferimento potrebbe risultare estremamente difficile, anche perché l'occhio non sempre coglie tonalità lievemente differenti quando vicine, per questo Adobe ha pensato a una comoda feature. Durante il trascinamento, infatti, sull'area originaria apparirà un'anteprima del risultato finale. Per quanto riguarda l'esempio potresti notare come lo spostamento verso il basso comporti tonalità più chiare di blu e azzurro, non utili per ottenere un ritocco omogeneo.

Spostandosi lateralmente o verso l'alto, invece, si ottiene un effetto colore del tutto analogo a quello originario, per un risultato decisamente uniforme. Una volta identificata l'area preferita per la modifica finale, è sufficiente rilasciare il mouse per veder applicato immediatamente l'effetto finale. La selezione rimarrà evidente a schermo, in caso fossero necessarie ulteriori ritocchi con altri strumenti. Qualora si fosse soddisfatti del risultato, invece, sarà sufficiente deselezionare il tutto, sia con il mouse che con la funzione Deseleziona dell'omonimo menu Selezione.

Naturalmente, il tool presenta anche delle feature aggiuntive, ospitate nella barra superiore delle opzioni, per rendere il proprio ritocco ancora più preciso. Si potrà optare per un rattoppo normale o in base al contenuto, quest'ultimo capace di elaborare autonomamente la sostituzione analizzando le aree colore vicine alla selezione, quindi invertire l'origine e la destinazione dell'area o, se necessario, anche lavorare sulle trasparenze. È doveroso sottolineare come, non trattandosi di una delle feature più recenti di Photoshop, il risultato finale potrebbe non essere dei più gradevoli su livelli che contengono soggetti molto dettagliati. In ogni caso, soluzioni come il Pennello Correttivo o lo stesso Timbro Clone potrebbero garantire maggiori spazi d'azione.

Sposta ed estendi

Photoshop continua a lavorare duramente per migliorare le sue funzionalità ed è utile immergersi nell'analisi di un tool molto simile ai precedenti ma decisamente più comodo data la sua natura content-aware: lo strumento Sposta ed Estendi in Base al Contenuto. A partire da Photoshop CS5, infatti, Adobe ha introdotto alcuni strumenti capaci di analizzare autonomamente le caratteristiche di una fotografia, per garantire una modifica omogenea del livello sul quale si sta lavorando.

Lo strumento Sposta in Base al Contenuto lavora tramite due modalità diverse: offre la possibilità di spostare un elemento sul layer, rattoppando automaticamente l'area originaria lasciata libera oppure estendendo le caratteristiche visive di un elemento selezionato.

Così come già accennato, lo strumento Sposta in Base al Contenuto permette di modificare la posizione di un elemento selezionato sul livello attivo, rattoppando automaticamente l'area originaria rimasta libera, l'icona del tool è rappresentata da due frecce incrociate e curve.

Dopo aver scelto lo strumento, si traccia una selezione grossolana attorno al soggetto da modificare. La scelta di evitare uno scontorno dettagliato, è funzionale all'effetto finale che si vorrà raggiungere: aggiungendo parte degli elementi di contorno, si forniranno al software maggiori informazioni contestuali per un risultato più omogeneo.

Tracciata la selezione, si sposta il soggetto trascinandolo nella posizione desiderata, mantenendo premuto il tasto sinistro del mouse. Come si noterà, in questa fase l'immagine originaria non viene eliminata, bensì è momentaneamente duplicata: si tratta di una comodità in più per comprendere come orientarsi nello spazio a propria disposizione, nonché per intuire l'effetto finale.

Trovata la posizione ideale, è sufficiente confermare con il tasto Invio: a schermo apparirà una barra di progressione per la modifica effettuata, dalla durata variabile a seconda della complessità del livello, della grandezza dello stesso e della potenza della macchina in uso. Ad elaborazione completata, l'area d'origine sarà automaticamente riempita in base agli elementi grafici contigui. Di norma, il risultato è di per sé buono ma non si esclude siano necessari ulteriori ritocchi minori, ad esempio con il Timbro Clone.

Lo strumento Sposta in Base al Contenuto può essere impiegato anche in modalità Estendi: questa risulta utile per allungare, sia in larghezza che in altezza, una porzione di immagine dai pattern continui e ben definiti. Per accedere a questa funzione, è necessario posizionarsi sulla barra delle Opzioni e, dall'apposito menu a tendina, scegliere l'omonima voce Estendi.

Si ipotizzi di voler allungare un'immagine dai pattern regolari, ad esempio, una palizzata: gli elementi che la compongono, infatti, si estendono in lunghezza più o meno ciclicamente. Il primo passo è quello di tracciare una selezione pari all'area che si vorrà compensare. A questo punto, dopo aver impostato correttamente lo strumento Sposta affinché agisca in modalità Estendi, si trascina la porzione selezionata nella posizione desiderata, mantenendo premuto il tasto sinistro del mouse. Come nel caso precedente, si opererà per duplicazione, così da poter gestire in un solo colpo d'occhio lo spazio a propria disposizione.

Sarà sufficiente premere il tasto Invio affinché l'estensione venga applicata, con dei tempi di elaborazione che possono variare a seconda della grandezza del livello, della sua complessità e della potenza della macchina in uso. Lo strumento crea una continuità visiva nei punti laterali d'unione dell'area estesa altrimenti non possibile spostando semplicemente la selezione.

Riempi in base al contenuto

Tra le funzioni per il ritocco di base, una delle più comode e veloci è il Riempimento in base al Contenuto. Molto simile negli effetti ad altri strumenti visti in precedenza, quali la Toppa o il Pennello Correttivo al Volo, questo tool permette di sostituire porzioni dell'immagine con una correzione generata automaticamente dal software. L'ideale, di conseguenza, per rimuovere dei soggetti o degli elementi non graditi di uno scatto, il tutto senza alcuno sforzo.

Si ipotizzi di voler modificare uno scatto, sostituendo o eliminando un elemento ripreso non gradito: ad esempio i cartelli stradali posti a lato di una carreggiata. Si può procedere manualmente all'isolamento dell'oggetto per selezione o con altri strumenti come il Timbro

Clone. Questo processo può richiedere pazienza e precisione, con dei risultati non sempre eccellenti qualora non si fosse particolarmente esperti con la suite Adobe.

La funzione Riempi in base al Contenuto, invece, automatizza questo processo, con un solo click. Il primo passo da compiere è quello di effettuare una selezione che comprenda l'intera parte da modificare. Si può trattare di una classica selezione rettangolare o, ancora, di una a mano libera, quale quella con il Lazo.

L'importante è, tuttavia, lasciare una porzione sufficiente di sfondo attorno all'oggetto: questo perché Photoshop, nella sua opera di analisi del livello, prenderà come riferimento le aree limitrofe e contigue alla selezione stessa. Per accedere alla funzione sopracitata, è necessario posizionarsi sulla voce Modifica della barra dei menu e, dall'elenco, scegliere Riempi.

A questo punto, apparirà a schermo una finestra di dialogo, pensata per gestire a fondo tutte le opzioni della funzione. Nel menu a tendina Contenuto, ci si deve assicurare sia scelta l'omonima voce In base al Contenuto, affinché Photoshop possa elaborare autonomamente il livello. Si può quindi scegliere quale modalità di adattamento del colore preferire e, non ultimo, il tipo di fusione. Di solito si utilizza Normale, poiché sostituisce in toto l'area selezionata mentre le altre funzioni tendono a creare un effetto sovrapposto, con diversi gradi di opacità.

Impostati i valori desiderati, è sufficiente confermare la scelta sulla finestra di dialogo per avviare immediatamente la modifica. I tempi di elaborazione possono variare in base alla grandezza dell'area selezionata, alla complessità dell'immagine e, naturalmente, dalla potenza di calcolo della macchina in uso.

Il software riesce a sostituire l'elemento indesiderato ricostruendo l'immagine in base agli elementi contigui, adattando lo sfondo.

Nella maggior parte dei casi non sono richiesti altri interventi ma, per livelli molto complessi e particolareggiati, potrebbe essere necessaria una rifinitura manuale finale. Naturalmente, è possibile anche operare sulle selezioni multiple. Si ipotizzi di voler eliminare, con un solo passaggio, tutti i cartelli stradali ripresi nello scatto. Il primo passo è quello di selezionarli sullo stesso livello: dopo aver isolato il primo, si ripete la selezione per i rimanenti tenendo premuto il tasto SHIFT.

È quindi sufficiente richiamare la finestra di dialogo, tramite la voce Riempi del menu Modifica e impostare le opzioni preferite: il comando agirà contemporaneamente su tutte le selezioni. Come sempre, la velocità di elaborazione può dipendere dalle dimensioni delle aree selezionate, dalla ricchezza di dettagli dell'immagine e dalla potenza di calcolo del proprio computer.

Capitolo 5: Manipolazione fotografica

Dopo aver appreso alcune delle più importanti risorse di base di Photoshop, dalle selezioni all'inserimento di testo, è giunto il momento di compiere i primi passi con la manipolazione fotografica. Alcune delle funzioni sono state già elencate, ora si elencheranno anche gli altri strumenti. I precedenti, infatti, sono da considerarsi propedeutici per questa sezione.

Tra i primi tool che Photoshop mette a disposizione dell'utente per modificare nel profondo dei livelli fotografici, vi sono certamente gli strumenti Sfoca, Nitidezza e Sfumino. Questi servono per compiere delle alterazioni manuali sullo scatto e funzionano, come facile comprendere, in modo molto analogo ai pennelli. La disposizione delle icone nel Pannello degli Strumenti, tuttavia, potrebbe essere differente.

Sfoca, Nitidezza e Sfumino

Photoshop mette a disposizione alcuni piccoli strumenti per modifiche al volo per le proprie fotografie, ovvero destinate alla correzione di limitate imperfezioni o, ancora, ad alterazioni di media entità. Fra queste, spiccano gli strumenti Sfoca, Nitidezza e Sfumino, solitamente raggruppati fra di loro.

Così come suggerisce il nome stesso, il tool Sfoca permette di ridurre la messa a fuoco di alcune porzioni dell'immagine, trascinando il mouse sulle stesse. Esattamente come un pennello, si potrà cambiare dimensione, durezza e altre caratteristiche cliccando con il tasto destro su un punto qualsiasi del foglio di lavoro, quindi selezionando le opzioni desiderate dalla finestra di dialogo. Una sfocatura su un fiore può essere concentrata su parte dei petali, sul gambo o sul capolino.

Il tool Nitidezza, invece, permette di ravvivare delle porzioni dell'immagine non perfettamente chiare o messe a fuoco, modificandone in modo sensibile luminosità e contrasto. Sempre prendendo in esempio un fiore, si può rendere più evidente la porzione centrale. Anche in questo caso, si potrà sfruttare una finestra di dialogo del tutto simile ai pannelli.

Lo strumento Sfumino, invece, permette di alterare lo scatto trascinandone i colori e gli elementi nella direzione desiderata, riproducendo esattamente l'effetto di un dito passato sulla vernice o sulla tempera ancora fresca. Dotato sempre dell'ormai canonica finestra di dialogo, segue il movimento del mouse e la grandezza della punta scelta.

Tutti i tool funzionano con un andamento progressivo, finché il pulsante del mouse non viene rilasciato. Questo vuol dire che, passando su un'area già precedentemente sfumata con l'apposito strumento, si aumenterà il grado stesso della sfumatura per semplice sovrapposizione.

Usati con parsimonia permettono di raggiungere importanti obiettivi di fotoritocco. Giusto per elencare un'altra delle modalità d'uso tipiche, l'impiego di Nitidezza si usa per ravvivare l'iride e le ciglia in uno scatto in primo piano, mentre Sfoca e Sfumino per alcuni effetti d'inquadratura e per ridurre piccole imperfezioni.

Scherma, Brucia e Spugna

Dopo aver visto le applicazioni degli strumenti Sfoca, Nitidezza e Sfumino, è giunto il momento di trattare altri tre tool di uso quotidiano per la manipolazione fotografica. Si tratta di Scherma, Brucia e Spugna, delle alternative che, così come suggerisce il nome, agiscono principalmente sulla saturazione, le luci e il contrasto dei propri scatti. Le modalità d'uso sono praticamente analoghe alle precedenti, non dovrebbero quindi rappresentare un intoppo nemmeno per i neofiti.

Tra le necessità più frequenti del ritocco fotografico, schiarire piccole zone o porzioni intere è forse una delle attività più frequenti. Photoshop permette di agire in molti modi, ad esempio regolando i valori di esposizione del livello; eppure, non sempre il risultato è quello desiderato, soprattutto quando si deve agire su aree singole dello scatto. A rispondere a questa esigenza, ci pensa lo strumento Scherma: utilizzato come un pennello, non fa altro che schiarire le porzioni desiderate.

Così come accennato, il tool funziona in modo analogo a qualsiasi pennello: cliccando con il tasto destro sul livello di lavoro, di conseguenza, apparirà l'apposita finestra di dialogo per modificare tipologia di pennello e di punta, caratteristiche del tratto e molto altro ancora. Non è però tutto, poiché dalla barra delle Opzioni si potrà approfittare di un menu a tendina, utile per scegliere se lavorare su ombre, luci e mezzi-toni.

Analogamente al caso precedente, capita sovente di dover scurire alcune porzioni di un'immagine. Anche in questo caso, il software di Adobe fornisce diverse alternative, quali sempre la regolazione dell'esposizione oppure del contrasto, tuttavia può rendersi utile un pennello che agisca solo su aree di nostro interesse. Al contrario di Scherma, lo strumento Brucia rende più scure le zone su cui viene passato.

Così come avvenuto in precedenza, cliccando con il tasto destro su una porzione libera del livello di lavoro si potrà modificare la tipologia di tratto, scegliendo punte, tipi di pennello ed eventuali sfumature dall'apposita finestra di dialogo. Sempre dalla barra delle Opzioni, invece, si potrà accedere al menu a tendina per decidere di agire su ombre, mezzi-toni oppure luci.

Tra le tante necessità quotidiane del fotoritocco e della manipolazione fotografica, infine, non manca un intervento diretto sui livelli di saturazione del colore. Ancora una volta, Photoshop fornisce numerose alternative per raggiungere questo scopo, come ad esempio l'omonimo controllo Saturazione. Tuttavia, serve uno strumento mirato per gestire aree singole del livello e lo strumento Spugna permette di raggiungere proprio questo obiettivo, intervenendo in modo intelligente sull'intensità del colore, solitamente de-saturandolo.

A differenza dei tool Scherma e Brucia, quest'ultimo strumento non agisce ovviamente su luci, mezzi-toni e affini, ma sarà comunque possibile controllare la dimensione e l'intensità del tratto.

Istogramma

Uno dei pannelli più importanti per comprendere la manipolazione fotografica è quello dell'Istogramma. Apprendere il suo funzionamento, nonché imparare a leggerne la rappresentazione grafica, è infatti propedeutico per lavorare con le Curve.

Si è visto nelle precedenti lezioni come, modificando le Aree di Lavoro tramite l'apposito comando in alto a destra del software, anche la colonna di destra dei pannelli e delle palette muta per seguire specifiche esigenze. Selezionando l'opzione Fotografia, ad esempio, il primo pannello proposto è quello dell'Istogramma, insieme alle Regolazioni e al Navigatore.

L'Istogramma mostra, tramite una rappresentazione grafica a due assi, la distribuzione in pixel di un'immagine. Nella sua impostazione di base, il grafico viene letto a seconda della concentrazione – quindi della presenza di una maggiore distribuzione – di pixel in una determinata area.

Analogo è il funzionamento con altri valori selezionati, dai colori RGB ai singoli canali separati. Il grafico presentato all'apertura del pannello mostra una visione d'insieme dell'intera immagine, così come mostrato dalla sovrapposizione di istogrammi di diverso colore. Cliccando sull'icona delle opzioni, in alto a destra nello stesso pannello, è tuttavia possibile modificare la modalità di visualizzazione: da quella compatta di default a Vista Ingrandita e Mostra tutti i Canali, passando dalle statistiche alle opzioni di chiusura. Di norma, la Vista Ingrandita è quella più frequentemente scelta.

Il primo elemento che salta all'occhio è come, sotto al grafico stesso, vengano riportate in due colonne delle importanti informazioni. Sulla sinistra si trova:

- Media: il valore di luminosità medio dell'immagine;
- Dev Std: la deviazione standard, ovvero quale variabilità ha la distribuzione in pixel;
- Mediana: il valore intermedio della distribuzione;
- Pixel: il numero di pixel totali contenuto nell'immagine.

La colonna di destra è invece interattiva: cliccando con il mouse sull'istogramma stesso, verranno mostrati dei valori relativi all'area prescelta con il puntatore quali:

- Valore tonale: l'intensità del tono nella porzione prescelta;

- Quantità: il numero di pixel per ogni determinata porzione;

- Percentile: il numero totale di pixel con intensità pari o inferiore rispetto a quella selezionata;

- Livello cache: il livello di cache occupato.

Come facile comprendere, parte di queste opzioni sono ovviamente destinate ai professionisti dell'immagine mentre per l'uso comune o quotidiano è più che sufficiente saper leggere l'istogramma di base, comprendendone la distribuzione generale.

La visualizzazione mostrata fino a ora è complessiva, tuttavia potrebbe essere più utile e specifica una lettura singola. Per farlo, è sufficiente selezionare l'apposito menu a tendina e scegliere tra RGB, Rosso, Verde,

Blu, Luminosità e Colori, a seconda delle proprie esigenze.

Come anticipato in apertura, la comprensione dell'Istogramma si rende particolarmente utile per lavorare con le Curve. Per accedere alle curve è sufficiente scegliere l'omonima voce dagli Stili per il livello selezionato. Modificando quella RGB, creandone un andamento a "S", si noterà come l'istogramma si riduca in altezza e si estenda invece in larghezza: questo perché i pixel vengono maggiormente concentrati nelle zone di maggiore e minore intensità, riducendo invece la distribuzione media.

www.ingramcontent.com/pod-product-compliance
Lightning Source LLC
Chambersburg PA
CBHW071244050326
40690CB00011B/2262